# 2020年国内旅游宣传推广优秀案例

文化和旅游部资源开发司 编

中国旅游出版社

策划编辑：谯　洁
责任编辑：刘志龙
责任印制：冯冬青
装帧设计：中文天地

图书在版编目（CIP）数据

2020年国内旅游宣传推广优秀案例 / 文化和旅游部资源开发司编 . -- 北京 : 中国旅游出版社 , 2021.10
ISBN 978-7-5032-6818-2

Ⅰ. ① 2… Ⅱ. ①文… Ⅲ. ①旅游业—宣传工作—案例—中国— 2020 Ⅳ. ① F592.3

中国版本图书馆 CIP 数据核字（2021）第 194411 号

书　　名：2020年国内旅游宣传推广优秀案例

作　　者：文化和旅游部资源开发司　编
出版发行：中国旅游出版社
（北京静安东里6号　邮编：100028）
http://www.cttp.net.cn　E-mail: cttp@mct.gov.cn
营销中心电话：010-57377108，010-57377109
读者服务部电话：010-57377151
排　　版：北京中文天地文化艺术有限公司
印　　刷：北京工商事务印刷有限公司
版　　次：2021年10月第1版　2021年10月第1次印刷
开　　本：787毫米 ×1092毫米 1/16
印　　张：12.25
字　　数：192千
定　　价：98.00元
I S B N　978-7-5032-6818-2

# 目录
CONTENTS

# 首届北京网红打卡地评选活动

——北京市文化和旅游局

## 一、案例简介

### （一）项目概述

2020年，在首都疫情防控成效显著、复工复产强劲有力的背景下，为推动北京文化和旅游消费，提振文旅行业复工复产信心，北京市文化和旅游局策划推出了“首届北京网红打卡地评选活动”。

作为全国文化中心，北京的文化和旅游消费场所数量多、品类丰富、客流量大，市民和游客在京的文旅消费潜力巨大。在移动互联网时代，“分享经济”蓬勃

发展，“口碑”是消费者进行消费决策的主要依据，“首届北京网红打卡地评选活动”希望调动广大网友分享与推荐的积极性，评选出一批“亲测好用”的文旅消费场所。活动以“在你心里红，才是真网红”为主题，鼓励市民、游客漫步北京，探访、体验、打卡、分享，通过终端消费者的分享，推荐北京本地文化和旅游资源，进而达到活跃文旅市场、促进消费的目的。

## （二）项目执行情况

### 1. 入选单位的推荐与评选标准

（1）立足北京文旅市场，顺应文旅融合发展的时代趋势，以及新生代消费群体对于社交流行文化的强烈需求；

（2）位于北京行政区域内、已正常对外开放的消费新场景，涉及食、住、行、游、购、娱的文旅全产业要素，能够多维度、个性化呈现北京的文化活力和旅游魅力；

（3）能够承载北京的生活美学和文化社交属性，体现特色休闲文化消费的习惯和态度；

（4）融合地道的京味、时尚与市井和谐共处的城市生活、艺术体验以及贴心的服务；

（5）符合新生代群体对于北京的认知方式；

（6）包括但不限于在画面感、代入感、新奇感、认同感、反差萌等角度，用鲜

明特点传递正能量，并能健康可持续地经营发展；

（7）在主流新媒体互联网平台已成为或有潜力成为社会热点与旅游流量，有较好的视频播放量、话题参与度及推荐攻略阅读量等数据。

### 2. 评选过程

**（1）第一阶段：线上推荐。**活动的第一阶段是8月8～28日进行全网征集海选，在此阶段，网友可自行推荐自己心目中的网红打卡地，上传图片及推荐理由文字即可提交。在20天的推荐时间内，主办方共征集到“网红打卡地”推荐线索3000多条，活动页面浏览量超过1亿次。微博话题#我的北京网红打卡地#阅读量1995万。多位粉丝百万级大V参与话题互动，号召网友参与活动。

**（2）第二阶段：专家评审。**在2020年8月29日至9月29日，主办方根据海选的情况，邀请各行业专家建言献策，特别安排一天时间将专家召集起来，进行咨询指导，剔除了一些有争议或敏感的提名地。共有197个打卡地入选候选名单，根据入选打卡地的性质分为七大主题类别，包括自然景区类、人文景观类、文化艺术类、阅读空间类、街区园区类、餐饮及创新零售类、住宿类。

**（3）第三阶段：网络投票。**9月30日起至10月20日，线上投票持续进行。各媒体、各候选打卡地以及大量网友积极参与。据统计，投票活动参与数近742万人次，最高票数近12万票。最终，在七个分类中，自然景区类总票数约为96万，人文景观类总票数约为194万，文化艺术类总票数约为98万，阅读空间类总票数约为

55 万，街区园区类总票数约为 102 万，餐饮及创新零售类总票数约为 109 万，住宿类总票数约为 88 万。

网络投票结束后，主办方从 197 个候选名单中，按照得票数从多到少，每个分类各取前 50%，总计 100 个网红打卡地进入“首届北京网红打卡地的推荐榜单”。其余 97 个也作为提名榜单一并宣传。

### 3. 线下互动

**（1）启动仪式。**2020 年 8 月 8 日，“首届北京网红打卡地评选活动启动仪式”，作为北京消费季“炫 · 彩生活月”的重点活动之一，在北京隆福寺举行。活动现

场，主办方详细介绍了“北京网红打卡地评选活动”的安排与参与规则，召集公众通过网络参与推荐和投票，助力自己心目中的“网红打卡地”C位出道。

在发布会现场，市文化和旅游局还一并发布了“炫·彩生活月”的一系列主要文旅活动内容，并对10条“漫步北京”都市休闲文化微旅游线路和40条“畅游京郊”度假游线路进行了重点推介。借助“首届北京网红打卡地评选活动启动仪式”对北京当季主要文旅资源进行了一次完整的梳理与推广。

**（2）榜单公布新闻发布会**。2020年11月18日，2020首届北京网红打卡地榜单发布会在北京石景山的首创郎园Park·兰境艺术中心举办。发布会上，主办方公布了100

个北京网红打卡地推荐名单和97个提名推荐，并根据入选打卡地的性质分为七大类主题榜单，包括自然景区类、人文景观类、文化艺术类、阅读空间类、街区园区类、餐饮及创新零售类、住宿类。

为扩大"北京网红打卡地"的品牌影响力，首届北京网红打卡地评选活动与北京广播电视台持续开展合作，策划"走进北京网红打卡地"专栏节目和"拔草行动VLOG挑战赛"，将北京网红打卡地推荐榜单打造成为北京市民、来京游客心中的权威榜单和北京文旅休闲消费的新指南，使其影响触达全国乃至海外游客。

在本次榜单发布会上，市文化和旅游局还与滴滴出行合作，由滴滴出行提供千万元补贴，作为专属福利发放给消费者，方便市民和游客前往上榜网红打卡地消费"打卡"。

## 二、活动创新点与亮点

### （一）由终端消费者发起传播，传播基数大，公众接受度高

北京网红打卡地评选活动放弃了以往目的地营销的方法，弱化"广告主"模式，引导消费者成为传播的发起者，传播基数大，公众参与热情高。同时，不少消费者选择在打卡体验后，再进行推荐与投票，评选过程亦是促消费的过程，活动热度与消费拉动双丰收。

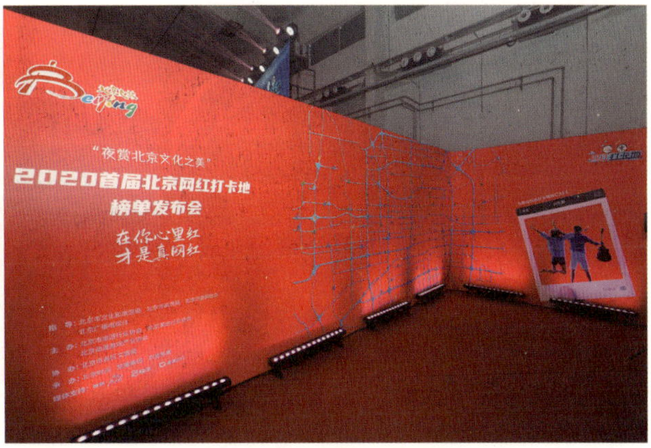


## （二）品质带来口碑，从供给侧提高文旅消费品质

在本次活动中，口碑是最重要的传播素材，消费者的体验好，才会产生分享和推荐。正如活动口号所说“在你心里红，才是真网红”。要想成为“网红”并占有流量，必须经过消费者的认可，商家只有通过创新服务、提升品质来满足日益增长的文化旅游消费需求，才可能在移动互联网时代突出重围。北京网红打卡地评选活动对引导文旅产品研发和供给、提升文旅行业服务水平、加强文旅行业口碑的树立、促进文化和旅游业更高质量发展起到积极作用。

## （三）创新文旅金融政策支持

市文化和旅游局与北京银行签署《支持北京网红打卡地高质量发展战略合作协议》。根据协议约定，未来 5 年内北京银行将为北京网红打卡地相关企业提供不少于 200 亿元意向性授信。此举将通过加大文旅金融政策支持、搭建文旅金融组织服务体系、加快文旅金融服务产品创新、优化文旅金融业务流程和管理模式，为今后文旅新业态与金融合作打造样板案例。

## （四）引入互联网企业开展线上活动，多角度扶持“网红打卡地”发展

市文化和旅游局与百度地图开展合作，为“北京网红打卡地”设计了专属

标签和专题页面，以国民级地图力量和科技信息化助力打造首都文旅消费新业态。该页面聚合推荐北京首批100个网红打卡地，在各网红打卡地的专属详情页中，百度地图专门设计了“种草信息”，并根据地点类型链接到导航、听讲解等服务。

此外，北京网红打卡地项目两度携手滴滴出行为市民、游客前往北京网红打卡地提供千万元出行补贴“红包”。特别是2021年春节期间，该项合作更为“在京过年”的市民和游客打卡网红地提供了出行便利。

### （五）以联盟促交流，“网红打卡地”的自律管理不松懈

首届北京网红打卡地推荐榜单发布后，市文化和旅游局指导相关单位完善工作机制和制度措施。采取重大负面舆情一票否决机制，出现重大负面舆情的上榜单位将从榜单除名并告知社会。在“首届北京网红打卡地入榜单位交流群”中，网红打卡地单位通过沟通交流，相互借鉴，彼此促进，加强网红打卡地内部自律，维护网红打卡地的整体形象。2020年12月30日，北京网红打卡地联盟成立，这是由网红打卡地主动、自觉发起成立的联盟，对于持续扩大网红打卡地的影响力，加强网红打卡地之间的交流合作、跨界出圈，发挥行业的自律和规范，共同打造和维护北京网红打卡地的品牌形象，具有积极意义。

## 三、经济与社会效益

### （一）“北京网红打卡地”已初具品牌影响力和美誉度

2020年北京网红打卡地评选活动受到媒体广泛关注，主流媒体、上榜单位、社媒大V都参与到项目的传播中来。

项目执行期间，央视新闻联播、北京卫视、北京新闻等均有报道。《北京日报》《新京报》等北京本地纸媒大篇幅刊载项目进展情况，邀请广大市民、游客参与其中。网络媒体发稿和转发4200余次，最高点击量超过40万次。新浪微博北京网红打卡地相关话题浏览总量近7000万，各类政企微博账号积极参与，多位粉丝百万级大V参与话题互动。

首届北京网红打卡地榜单发布后，“北京网红打卡地”这一关键词被广泛使用。北京文商旅各单位的宣传中都乐于加上“北京网红打卡地”的标签。“北京网红打卡地”已初具品牌影响力和美誉度。

### （二）成功推广北京文旅消费新点位，构建全新目的地品牌矩阵

北京网红打卡地评选活动推荐榜单分七类对文旅消费场所进行重点推荐，一些新兴、小众却好评度高的文旅休闲方式受到广泛关注。不管是外地来京游客还是本地居民都能够从榜单中感受到北京的变化。在北京休闲度假，要去故宫，也要打卡

故宫角楼咖啡；登上长城，也要看一眼灯火阑珊的浪漫夜景；赏春花，别忘了坐上开往春天的列车。北京网红打卡地评选活动带动了一批诸如此类有特色、有趣味的文旅消费新点位，这些将有效帮助北京形成独特风格，构建全新目的地品牌矩阵。

### （三）在疫情防控常态化背景下，带动本地文旅消费，保持与全国消费者的沟通热度

在疫情防控常态化背景下，北京网红打卡地评选活动成为北京文旅消费市场的一剂强心针。广大群众反响热烈、积极参与。在推荐、投票、榜单公布后各阶段，在宣传的引导下，网友纷纷走出家门，体验、感受、分享每个人心中的北京网红打

卡地，带动消费效果明显。在旅游市场的平淡期，帮助北京与全国消费者保持高频的有效沟通，也有效更新了北京文旅在全国消费者心中的形象。

## （四）促进文旅产业高质量发展，助力北京国际消费中心城市的打造

北京网红打卡地评选活动积极引导文旅产品的研发和升级，鼓励文旅服务提升，通过消费者口碑的培养，促进文旅高质量发展。北京网红打卡地评选活动将从 2020 年开始每年进行评选和榜单更新，督促已上榜企业保持水平不松懈，鼓励未上榜单位不断优化产品和服务。榜单的动态更新将为北京市民和来京游客提供一份有品质保障的北京文旅消费指南，全面提升北京文旅消费水平，助力北京国际消费中心城市的打造。

## 专家点评

北京网红打卡地评选活动创新点与亮点：由终端消费者发起传播，传播基数大，公众接受度高；品质带来口碑，从供给侧提高文旅消费品质；创新文旅金融政策支持。以政府发起为起点，通过互联网传播，号召公众推荐和投票选出自己心中最佳网红打卡地。善用政府平台，与地方媒体、互联网自媒体、出行App合作，扩大影响，带动消费，在复工复产背景下，努力刺激兴趣向消费转化。

北京是全国瞩目的旅游城市，每年有大量游客到访，对于已知的旅游景区景点和知名餐饮住宿、特色地区较为熟悉。如何让广泛为人所知景点给予消费者新印象、新服务、新产品，刺激公众兴趣，在已有基础上，深度游览和消费，继而自发传播，是该案例的一大探索方向。

对网红打卡地进行动态监测，监督已上榜企业，支持和鼓励未上榜单位不断优化产品和服务。

# “万里长城　雄冠河北”系列宣传推广活动

——河北省文化和旅游厅

“万里长城　雄冠河北”是河北省文化和旅游厅深入学习贯彻习近平总书记关于国家文化公园建设的一系列重要指示精神，为推动国家文化公园建设与人民群众精神文化生活深度融合、开放共享而打造的系列宣传推广活动。

通过塑造长城河北段旅游品牌、开展长城主题融媒体宣传及活动、实施长城文旅融合展示推介、发挥联盟营销优势，长城河北段的文化价值和精神内涵逐渐深入人心，“万里长城　雄冠河北”旅游品牌影响力不断增强。

## 一、案例简介

### （一）实施背景

建设国家文化公园，是以习近平同志为核心的党中央作出的重大决策部署。习近平总书记多次发表重要讲话，作出重要指示，对长城历史文化传承保护利用、建设长城国家文化公园提出了明确要求。文化和旅游部扎实推进长城国家文化公园建设，要求深刻把握长城作为中华民族象征的重要地位，把长城国家文化公园建设成为代表国家水准和展示国家形象的亮丽名片、提升人民生活品质的文化和旅游体验空间。

河北作为长城国家文化公园重点建设区，责任重大、使命光荣。河北省委、省政府高度重视长城国家文化公园（河北段）的规划建设工作，王东峰书记、许勤省长多次作出指示批示，提出明确要求，河北省国家文化公园建设工作领导小组召开专题会议研究部署。随着长城国家文化公园建设的启动和推进，长城河北段的保护修缮、文化挖掘、活化传承等工作进入了全新的发展阶段。

河北是长城文化大省，境内现存 8 个朝代长城近 2500 公里，秦皇岛山海关、承德金山岭、张家口大境门、崇礼太子城等长城历史悠久、风光秀美、文化底蕴深厚，是我国长城的重要组成部分。为叫响长城河北段文旅品牌，使长城蕴含的丰厚历史文化资源进一步鲜活起来，河北省文化和旅游厅谋划实施了“万里长城　雄冠河北”系列宣传推广活动。

### （二）推广方式

依托长城主题大型活动塑造长城河北段旅游品牌，构筑长城河北段文化旅游名片。

通过河北文旅融媒体矩阵，开展长城主题宣传、组织长城主题活动，提升长城文化传播力。

推动文旅深度融合，以摄影、非遗、音乐、美术、VR 等艺术和技术为载体，宣传展示长城历史沿革、体系构成、建造技艺、精神内涵等。

发挥联盟营销优势，以河北长城旅游活动带动联盟整体营销。

## 二、活动内容与创新点

### （一）塑造长城河北段旅游品牌

2020 年 12 月 11 日，河北省文化和旅游厅承办了由文化和旅游部主办的长城国家文化公园建设推进会，集中展示了长城国家文化公园（河北段）的建设进展和文化内涵。

河北正以“众志成城 · 雄关天下”山海关、“坚韧自强 · 金山独秀”金山岭、“和平开放 · 大好河山”大境门、“自信自强 · 冬奥胜景”崇礼 4 个重点段为引领，精心构筑民族性、世界性兼容的长城文化地标、文化名片，充分彰显中国特色、中国风格、中国气派。同时深入挖掘各类文化资源，打造长城河北段旅游品牌：依托喜峰口长城

抗战、黄土岭大捷、山海关保卫战、冀东根据地等，叫响“红色长城”。实施长城沿线环境综合整治、建设长城风景复合廊道，建设“生态长城”。开展长城文物文化资源数字化采集，推出可阅读长城数字云平台，构建“数字长城”。策划推出“长城脚下话非遗”特色节庆、“长城人家”主题民宿等旅游产品，展示“魅力长城”。

## （二）开展长城主题融媒体宣传及活动

### 1. 全国新媒体自驾游长城：超30家全国主流媒体1600篇稿件全方位解读长城河北段魅力

“游长城　爱长城——2020长城之约·全国新媒体自驾游长城活动”由文化和旅游部资源开发司指导，中国长城旅游市场推广联盟主办，河北省文化和旅游厅、长城新媒体集团承办。自2020年9月19日启动，为期一周。来自全国30余家主流媒体的代表及旅游达人沿长城河北段发起自驾之旅。亮点如下：

**（1）宣传手段多样**。开设网络专题、互动话题，利用直播、航拍、短视频、图文等多种方式，记录自驾活动全程，对长城文旅资源进行全方位、多元化、立体式的全媒体报道。

**（2）影响力广泛**。累计发布稿件1600余篇，各媒体平台累计阅读量近亿次，掀起游长城、爱长城的热潮。

**（3）创新跨界宣传**。与长城新媒体集团签订战略合作协议，大力宣传长城文化；由长城汽车赞助活动，掀起自驾旅游风尚；推广长城桑干酒庄等长城脚下的新业态旅游产品，持续放大文旅融合发展的辐射效应。

### 2. 全国旅游达人齐赞长城：关注量过亿营造长城文化旅游氛围

“全国旅游达人齐赞长城”活动由文化和旅游部资源开发司指导，中国长城旅游市场推广联盟主办，河北省文化和旅游厅、河北日报报业集团承办。自 2020 年 11 月中旬启动，为期一个半月。活动招募全国旅游达人赴长城河北段采风，通过新媒体平台发布话题、短视频等融媒体宣传产品，提升长城文化旅游热度。亮点如下：

**（1）打造长城文旅资讯发布平台**。在河北新闻网首页首屏显著位置展示网上活动专题，时间超过 1 个月，发布海量长城文旅资讯，综合点击量 990 多万次。

**（2）发挥新媒体传播优势**。招募全国旅游达人在各新媒体平台，围绕长城主题持续发布 240 余篇图文稿件。在微博开设了 # 长城我想对你说 # 的微博话题，发挥达人号召力开展话题互动，讨论量近万次，阅读量突破 1.3 亿次。

**（3）发布优质短视频内容**。制作 10 余支长城主题短视频收纳在抖音话题 # 赞美长城 # 下，引发大量关注、转发，总浏览量近 300 万次。

### 3. 主流媒体宣传：全面展示长城河北段新风貌

在央视新闻联播栏目前黄金时段播出河北旅游形象宣传片，以“万里长城　雄

冠河北”为解说词，展示老龙头、金山岭两个长城河北段精华，广受好评。

与长城新媒体集团合作推出“我是长城保护员”系列融媒体报道，采用微视频 + 海报 + 图文等形式，展现了长城保护、长城文化、长城公益等内容；策划了 H5 作品，设置长城的诉说、我是长城保护员、长城之约等栏目，呼吁公众爱护长城。

在《河北旅游》杂志开辟“长城冀忆”专栏，推出 30 余个长城主题融媒体产品，其中原创 4 篇深度特稿，被多家媒体转发，引发高度关注。

## （三）实施长城文旅融合展示推介

### 1. 长城国际旅游摄影展

在长城国家文化公园建设推进会前后，开展长城国际旅游摄影展。以 1400 平方米的无拼接巨幅喷绘，呈现 150 幅长城胜景，选取中国摄影著作权协会总干事、副主席解海龙，中国摄影家协会副主席、河北省摄影家协会主席杨越峦等全国知名摄影家创作的长城题材系列摄影作品，全景展现精彩、惊艳、震撼的长城影像画面。

### 2. “长城脚下话非遗”长城沿线非遗展览展示活动

河北省文化和旅游厅、秦皇岛市人民政府于 2020 年 8 月 8—11 日在山海关共同主办“长城脚下话非遗”长城沿线非遗展览展示活动。包括 5 个板块内容：长城脚下见匠心——传统手工艺精品展，展出 70 余项、200 余件传统美术、传统技艺非

遗精品；长城脚下亮手艺——传统手工艺项目展示展销，展示销售100项传统美术、传统技艺、传统医药等非遗项目；长城脚下品美食——传统美食项目品味体验，100位代表性传承人对100项特色非遗美食制作、展示、销售；长城脚下唱大戏——遴选10项秦皇岛市特色戏剧、曲艺非遗项目展演；长城脚下论传承——长城文化传承与非遗保护交流对话，探讨长城文化生态保护对策。

### 3.“行走长城”美术作品创作与展示

活动历时3个月，邀请全国青年美术家30余人深入京、津、冀三地重点长城段落开展主题创作，共完成各类美术作品150余幅，展现长城脚下人民精神风貌。优秀作品在长城国家文化公园建设推进会嘉宾驻地进行了展示。

### 4.“爱中华　颂长城”长城主题歌曲征集创作活动

活动自2020年7月启动。全国95名词作者、59名曲作者的100多首词曲作品应征，评选出6部优秀作品进一步打磨推广。3首歌曲在长城国家文化公园建设推进会上进行了现场展示。

### 5. 飞阅长城——VR云游长城数字体验展

选取长城重点区段的15个不同视角用VR设备加以展示，观众可以在体验区自由行动，肢体的动作可被影射到长城的虚拟场景中，获得沉浸式的“飞阅长城”体验。长城国家文化公园建设推进会部分嘉宾现场体验了该项目。

### 6. 可阅读长城数字云平台

依托微信小程序开发建设，分为首页、观长城、读长城和游长城 4 个板块，开发 VR 360° 观赏长城美景、高精度展示建筑细节、图文和语音讲解长城文化、长城景区智游导览服务等功能，打造、传承、弘扬长城精神，彰显文化自信的载体。

## （四）中国长城旅游市场推广联盟壮大发展

12 月 10 日，2020 中国长城旅游市场推广联盟活动在秦皇岛举行，活动由文化和旅游部资源开发司指导，中国长城旅游市场推广联盟主办，河北省文化和旅游厅承办。活动中，吉林省、黑龙江省、山东省、河南省、青海省、新疆维吾尔自治区正式加入中国长城旅游市场推广联盟。联盟各成员单位一致通过新修订的《中国长城旅游市场推广联盟章程》，签署了《中国长城旅游市场推广联盟倡议书》。河北以省内各类长城旅游推介活动为抓手，带动联盟整体营销，提升整合营销水平。

# 三、主要成效

“万里长城　雄冠河北”系列宣传推广活动以响亮的产品品牌、丰富的媒体宣传、全方位的文旅融合展示和成熟的推广机制，有力支持了长城国家文化公园规划建设工作，配套活动和项目在长城保护修缮、文化挖掘、活化传承等方面取得了良好效果。

河北将加大“万里长城　雄冠河北”系列宣传推广活动力度，聚焦保护传承、研究发掘、环境配套、文旅融合、数字再现5个关键领域的基础工程，进行更加全面多样的展示推广。发挥中国长城旅游市场推广联盟秘书处作用，进一步提升整合营销水平。努力把长城河北段打造成为线性世界遗产保护的范例、中华文化的重要地标，为新时代文物和文化遗产保护、传承、利用贡献河北力量。

## 专家点评

建设长城国家文化公园是国家重大的文化工程，河北是长城国家文化公园的重点建设区，该案例在探索符合国家战略、满足现代旅游休闲方式的国家工程的传播方式上做了积极努力。通过塑造长城河北段旅游品牌、开展长城主题融媒体宣传及活动、实施长城文旅融合展示推介、发挥联盟营销优势，让长城河北段的文化价值和精神内涵逐渐深入人心，很好地支持了国家文化公园规划建设工作。建议今后进一步探索已有广泛群众基础的国家文化工程的常态化推广方式，如为民间长城保护者、爱好者搭建传播、交流的平台，产生更多更接地气、更生动的作品。

# “游山西　读历史”品牌活动

——山西省文化和旅游厅

## 一、活动简介

畅游三晋大地，品读华夏历史，坚定文化自信。2020 年 5 月，习近平总书记在考察云冈石窟时深刻指出，要“让旅游成为人们感悟中华文化、增强文化自信的过程”。据此，为保护、传承和弘扬山西省优秀的历史文化，以文促旅、以旅彰文，推动文旅融合，建设文旅强省，决定在全省范围内开展“游山西　读历史”活动。通过打造系统化营销行动，推动山西历史文化资源整理和内涵挖掘，以山西深厚的历史文化比较优势，丰富、优化游客体验，提升山西旅游吸引力、影响力和竞争力，全力塑造“黄河、长城、太行”三大品牌，推进文化旅游业高质量发展。

## 二、活动内容与创新点

秉持“总体谋划，分类推进”的原则，围绕“读什么、谁来读、怎么读”的主题，2020年山西省文化和旅游厅推出“游山西　读历史”品牌整合营销行动。通过品牌活动持续发力、创新产品提质升级，推动“游山西　读历史”品牌打造及培育。

### （一）打造“游山西　读历史”品牌，全面展示山西“华夏文明地上博物馆”的目的地形象

2020年8月11日，“游山西　读历史”活动启动仪式在山西云冈石窟景区举行，该活动正式推出“游山西　读历史”品牌。活动现场百子诵读山西历史文化三字经《华夏文明看山西》，成立“游山西　读历史”推广联盟并进行“游山西　读历史”研学首发团授旗仪式。现场还搭建了“游山西　读历史”文化长廊及文创集市，通过图片展直观呈现了山西五千年源远流长的历史，集中展示了以山西国宝级文物为原型打造的百项精美文创产品。

### （二）拓展游读形态，强化高质量旅游产品供给，促进产品内容提升

围绕山西历史文化资源，结合迅速升级的市场需求，借鉴国内外成熟经验，联合国内文旅专家、文旅企业代表撰写《“游山西　读历史”旅游产品建设指南》，开

设高质量旅游产品设计培训直播课、进行旅游线路产品优化提升和举办旅游线路产品设计定向邀请赛等活动。

### 1.《“游山西　读历史”旅游产品建设指南》

2020 年 11 月下旬开始，邀请 12 位国内文旅专家、企业代表共同撰写《“游山西　读历史”旅游产品建设指南》，对以“九游九读”为主旨的山西省内现有代表性文物遗迹、景区景点、博物馆等旅游资源在展示、讲解、体验、文创、研学、传播、定制和跨界八个维度的产品开发提升给出创新性和落地性兼顾的指导建议，以高水准指导全省“游山西　读历史”旅游项目开发和产品设计工作。

### 2. 高质量旅游产品设计培训直播课

2020 年 12 月 20 日开始，开设高质量旅游产品设计培训直播课，邀请全国知名的实战派旅游产品设计专家，以“现场教学 + 直播授课 + 在线互动”方式完成培训。直播课以国内外知名文化旅游产品设计案例为切入点，结合山西历史文化资源挖掘情况，就山西历史文化类文旅产品差异化打造进行经验分享和实战教学，以提升山西省内文旅企事业单位相关从业人员认知水平和创新能力，满足游客不断升级的旅游需求。

### 3.“游山西　读历史”旅游线路产品提升项目

2020 年 12 月下旬，策划旅游线路产品优化提升项目。邀请全国知名文旅企业代表及行业专家对全省文旅资源及核心景区景点进行了为期 6 天的深度考察，召开旅游线路产品提升研讨会，并针对“游山西　读历史”品牌，从主题、创意、内容、体验、包装、营销等方面撰写《旅游线路产品优化和升级建议书》，旨在就培育、创新山西高品质的文化旅游产品给出切实建议，带动山西旅游市场创新升级。

### 4. 旅游线路产品设计定向邀请赛

围绕“九游九读”主题，邀请山西省内外优质旅行商、定制师，通过省文化和旅游厅、行业专家和旅行商代表与山西省内景区三方联动，进行资源考察、座谈研讨、线路设计。

## （三）扩大游读影响，全方位传播，强化“游山西　读历史”品牌形象

通过打造《华夏文明看山西》百子诵读三字经 MV，邀请历史文化专家担任“游山西　读历史”文化传播使者，以及联合央视打造“游山西　读历史”特辑节

目，实现“游山西　读历史”内容的持续输出和全方位传播。

### 1.《华夏文明看山西》百子诵读三字经 MV

2020 年山西省文化和旅游厅将五千年华夏文明与山西人文风景进行了紧密结合，打造独属山西的历史文化三字经，并在 8 月的“游山西　读历史”活动启动仪式现场，由百名学子齐声诵读。以此为基础，省文化和旅游厅进一步创新文旅资源展示形式，打造《华夏文明看山西》百子诵读三字经 MV。MV 分为总体叙述篇、历史品读篇、高潮凸显篇、展望升华篇 4 个篇章，将山西省的重要历史事件按时间线、人物线和事件线多角度串联，深度挖掘山西省历史文化旅游资源。MV 通过省文化和旅游厅微信公众号、微博、抖音账号进行首发，同时也在 B 站、小红书、西瓜视频等视频网站进行上传发布。发布当日联合人民网、《中国日报》《环球时报》等央级媒体,《山西日报》、山西新闻网等省内媒体及网易、新浪等门户媒体传播深度稿件，并在为期 1 个月时间内持续发布主题海报，引发全网对“游山西　读历史”活动的关注，彰显了山西“中国古代文化博物馆”的地位。

### 2.“游山西　读历史”文化传播使者

2020 年 12 月，邀请历史地理专家葛剑雄、唐史专家孟宪实等历史文化专家担

任“游山西　读历史”文化传播使者，讲述山西大地上的“中华文明史”，为“游山西　读历史”发声，形成“游山西　读历史”品牌名人效应。

### 3.《跟着书本去旅行》之“游山西　读历史”特辑节目

2020 年 12 月 ~ 2021 年 3 月，与中央电视台科教频道 CCTV-10 大型研学品牌节目《跟着书本去旅行》进行深度合作，面向全国青少年策划制作“游山西　读历史”特辑节目，包括《晋祠探源》《寻找狄仁杰》《晋阳城》《戏曲之乡》《面食王国》《陈醋探源》《云冈石窟里的帝王相》《云冈石窟里的希腊面孔》《悬空寺》《社火年味》等内容。节目取景晋祠、山西博物院、云冈石窟、悬空寺等 15 个景区景点，邀请葛剑雄、孟宪实、张焯等 10 余位全国文史专家、本地历史文化民俗研究学者、广灵剪纸等非物质文化遗产传承人作为嘉宾参与节目录制，同时邀请山西省晋剧院著名晋剧演员、太原莲花落艺术家、大同社火广灵大号和浑源耍故事表演团队、大同艺校云冈乐舞舞蹈演员等超百位演艺人员共同拍摄。《跟着书本去旅行》之“游山西　读历史”特辑节目在央视科教频道、央视频 App 播出，同时撰写新闻稿件、微信推文并制作节目海报配合山西省文化和旅游厅官方微信公众号、微博、抖音账号以及全国近 50 家媒体同步传播。

## 三、主要成效

### （一）“游山西　读历史”品牌深入人心，塑造山西文旅“独家”记忆点

在“游山西　读历史”启动仪式上，参会嘉宾达百余名，近5万网友观看现场网络直播。同时新华网、人民网、人民文旅等近30家全国重点媒体及微博、微信等新媒体平台对活动内容进行了全方位、多角度的报道，提升了活动影响力和吸引力。本次活动正式推出了“游山西　读历史”品牌，成为山西文旅“独家”记忆点，极大助力山西省国际知名文化旅游目的地建设。

### （二）“游山西　读历史”产品高质量迭代，推动山西文旅迈向黄金时代

通过深度挖掘山西丰厚的历史文化积淀和独有的地理生态禀赋，充分结合迅速升级的市场需求，联动省内11个地市及省内外12位文旅专家及全国优质旅行商，从顶层设计、市场主体、游客诉求等方面进行研讨设计，总结出《“游山西　读历史”旅游产品建设指南》《旅游线路产品优化和升级建议书》，对山西省内各景区景点创新发展及旅游线路产品设计具有很大的指导意义。

开设的“游山西　读历史”高质量旅游产品设计培训直播课观看人数达 291365 人次，覆盖山西省内文旅企、事业单位从业人员，以及全国范围内深耕山西文旅市场的旅行商。

旅游线路产品设计定向邀请赛共征集线路 40 条，进入初赛作品线路 34 条，经过专家评选，从客群细分、主题创新、产品包装、市场落地四个维度，选出 17 条产品线路作为本次大赛优秀作品。优秀作品通过旅行商平台上线推向市场，丰富了“游山西　读历史”品牌的产品内容，吸引更广域游客前来山西。

### （三）“游山西　读历史”营销全媒体发声，助力山西文旅成功“出圈”

2020 年“游山西　读历史”活动进行多维度、多场面、全空间、全矩阵宣传造势。联合中央级媒体、全国及当地重点媒体等 300 余家进行宣传报道，媒体类型涵盖电视台、纸媒、网站及微信、微博、抖音等社交媒体。其中《跟着书本去旅行》“游山西　读历史”特辑节目在央视网多终端（网站、影音、手机电视、互联网电视）直、点播收视用户为 177.6 万，收视次数为 276 万。于 2021 年 3 月 18 日全网首推的《悬空寺》节目，推出一周后该作品播放量为 32.1 万次。同步撰写共 15 篇新闻稿件、16 篇微信推文，产出节目海报及创意海报共 41 张，并引发全网 1000 多

家媒体转发、报道。制作节目精剪短视频 80 余条，全网累计播放量达 242840 次。截至目前，“游山西　读历史”微博话题阅读量达 1800 多万，官方微信公众号“游山西　读历史”专题共产出优质内容 42 篇，整体项目传播量达 9000 万，覆盖人群达 1.5 亿。

## 专家点评

“游山西　读历史”品牌活动堪称近年来文化和旅游深度融合及研学旅游推广的典范。文旅融合的关键是激活文化基因，让文化基因在旅游载体、旅游体验与消费中展示其生命活力和价值张力，从而达到以旅为体、以文为魂、文旅相互带动的融合发展功效。“游山西　读历史”系列活动，精心策划并发掘山西的历史文化资源，将地质构造、传统演进、黄河文化、长城军事、民族融合、古代建筑、晋商往事以及红色革命等历史文化元素，有机融合到旅游场景当中。从游客需求出发设计游读形态、游读载体并进行了卓有成效的营销推广，打造出“游山西　读历史”这一文旅融合新品牌，有效提升了山西旅游的独特性和文化魅力。

# 第十届中国伊春森林冰雪欢乐季系列活动

——黑龙江省伊春市委、市政府

## 一、导语

中国伊春森林冰雪欢乐季，是伊春市委、市政府为贯彻习近平总书记“绿水青山就是金山银山，冰天雪地也是金山银山”发展理念而打造的森林冰雪文旅品牌节庆活动。自 2011 年开始，已连续举办十届，2019 年被 CCTV 魅力中国城节目组委会评为“年度魅力文旅节庆品牌”。

伊春市位于黑龙江省小兴安岭腹地，是全国重点国有林区，长期以来以森林采伐为主业。在天然林保护工程实施后，伊春市坚持把生态保护放在首位，着力发展以旅游为核心的第三产业。较高的纬度与群山环绕的自然环境也为伊春发展旅游业

提供了得天独厚的条件，林海、奇石、温泉、冰雪等景观逐渐蜚声海内。这里春有花海，秋有落叶，夏可避暑，冬可赏雪，是一座四时皆美的生态旅游城市。市内有国家 5A 级旅游景区 1 家——汤旺河林海奇石景区、国家 4A 级旅游景区 10 家——五营国家森林公园、茅兰沟国家森林公园、嘉荫恐龙国家地质公园等。

中国伊春森林冰雪欢乐季节庆品牌充分挖掘和利用了伊春冬季冰雪森林旅游资源特色优势，旨在进一步促进全市冬季冰雪旅游发展，提升和丰富冰雪文化内涵，打造冬季冰雪旅游文化新亮点，着力将“冷资源”变成“热经济”，增强伊春市旅游经济综合实力。

森林冰雪欢乐季从每年冬季 12 月启动，持续至次年的 3 月。整合全市力量，组织开展丰富多彩的具有参与性、体验性、娱乐性的数十项节事、赛事系列活动。宣传推广方面，依托龙广传媒和新浪网为主要宣传平台，传统媒体与新媒体宣传相互融合，充分体现“旅游 +”发展理念，通过 10 年的不间断打造，已经成为黑龙江省重点旅游节庆活动之一。

## 二、活动内容与创新点

### （一）推广思路

依托伊春市在全国范围内具有特色的“大森林”“大冰雪”等资源优势，结合黑龙江省发展冬季冰雪旅游的成熟经验，以市场需求为导向，发挥温泉康养、亲子研学、

特色民宿、民俗文化等新业态优势，将“森林冰雪”作为核心内容对外推广输出。

统筹全市力量策划推出一批冰雪旅游特色产品线路和节庆活动，提升冰雪旅游的体验性、参与性、娱乐性，提高冰雪旅游的影响力、吸引力、美誉度，着力把“冷资源”打造成“热经济”，不断扩大冰雪旅游市场规模和产业效益，为全年经济发展做出积极贡献。

## （二）活动内容

第十届中国伊春森林冰雪欢乐季于 2020 年 12 月 19 日正式启幕，主会场开幕式选定在金林区九峰山滑雪场。开幕式当天，现场举办了汽车拉力赛、滑雪展示赛、

雪地拔河赛等十余项玩冰嬉雪精彩活动，伊春市旅游企业代表和省内外游客 3000 余人参加了开幕式。各县（市）区设立了 6 个子会场同步举办了"'赏冰乐雪·冻感铁力'森林冰雪欢乐季开幕式""丰林县森林冰雪欢乐季开幕式""乌翠区森林冰雪欢乐季开幕式"等盛大活动。

在两个月的时间里，伊春市开展各类冰雪文旅活动共计 56 项，其中伊春市铁力市举办的"百万青少年上冰雪"以生动的技能教学和丰富的趣味活动为支撑，结合全市范围内各大冰雪景区景点，针对中小学生和广大儿童推出速滑邀请赛、趣味雪圈、雪地足球、冰雪 CS、冰上龙舟等系列活动，培养了广大青少年对于冰雪运动的兴趣。

汤旺县举办的"第五届穿越林海雪原马拉松挑战赛"面向全国冰雪马拉松爱好者公开招募，共计 2000 余名选手报名参加。本次赛事是国内第一个全自然环境赛道的冰雪马拉松挑战赛事，比赛包含翻越雪山、横跨倒木群、抢夺隘口、险过冰湖等赛段，充分考验了参赛者的体魄与意志。

除此之外，"大箐山县雪地自行车、雪地摩托车、越野车挑战活动""丰林县雾凇摄影大赛""乌翠区冬泳挑战赛""2020 年中国·铁力冰雪摩托车场地赛""伊春全国冬季铁人三项赛"等活动既突出了森林冰雪游的特色，又设计了丰富的体验内容，得到了广大游客的一致好评。

## （三）宣传方式

第十届中国伊春森林冰雪欢乐季的各项活动融合了滑雪、温泉、民宿、研学、

雾（雪）凇等多重旅游元素，策划推出户外运动游、温泉康养游、亲子研学游、民俗文化游、雾（雪）凇摄影游等冬季“家”系列五大新产品，并据此开展多层次、多渠道、多主题的宣传推广。

第十届中国伊春森林冰雪欢乐季活动以“林都伊春·森林里的家”城市品牌为统领，以“多趣冰雪，乐游伊春”为冬季旅游形象主题，以“玩冰雪 # 泡温泉 # 品民俗”为旅游产品主题。举办“林都伊春·森林里的家”冬季文化旅游推介会 7 场，对本次活动提前进行预热，历时 15 天。在哈尔滨、绥化、佳木斯等省内客源地，北京、沈阳等主要航线城市以“推介会 + 宣传报道”为手段，通过当地媒体的新闻传播，与当地重点旅行社进行对接，扩大宣传效果，吸引更多客源参加冰雪欢乐季系列活动，丰富冬季游客的参与度和体验度。

为进一步扩大推广力度，依托新浪网，通过微博超级话题 # 伊春旅行 # 持续运营推广，8 场大型网络直播，68 个图文直播，并制作 8 次直播大数据概况汇总长图，直播累计观看总量高达 1415 万次；剪辑制作伊春四季旅游资源产品宣传视频 5 部、音频 5 部；制作伊春冬季景色创意海报 17 张；新浪网首页发布新闻稿件 15 篇；新浪黑龙江旅游公众号发布精编微推内容 13 篇；制作创意配乐 H5 邀请函 10 个；35 家主流媒体助力报道推介会宣传稿件 35 篇；微博话题 # 伊春旅行 # 阅读量新增 2700 万次，累计话题阅读量超过 1.4 亿。

开幕式方面采取传统媒体和新媒体宣传相结合的方式，在黑龙江电视台、《黑龙江日报》、伊春新闻频道、《伊春日报》等媒体发布信息；依托新浪网，对开幕式进

行视频直播和图文直播，采取新浪主播与网友互动的形式进行现场直播，将现场冰雪氛围呈现给全国各地网友，充分展示冰雪欢乐季中的活动盛况，龙广传媒邀请多平台百万粉丝网红、旅游大咖，招募龙广车友，组成自驾车队赴会场参加开幕式，现场进行网红旅游达人体验直播，凸显伊春冰雪自驾游特色，展现伊春冬季之美，全面展示出了第十届中国伊春森林冰雪欢乐季的盛况。

## 三、主要成效

### （一）社会效益

中国伊春森林冰雪欢乐季活动在开展过程中，注重传播效应，始终保持线上与

线下的联动，通过“旅游品牌打造 + 沉浸式体验 + 全域综合发力 + 整合营销”的模式，将区域内文化资源、餐饮、酒店、旅游商品等系列文化旅游资源进行有机串联和整合，科学建立伊春文旅的品牌“超链接”，推动区域冰雪文旅品牌的全方位升级，持续发力文化旅游产业供给侧结构性改革，有效实现了全市旅游业在疫情防控常态化大背景下的有序推进。

## （二）经济效益

本次活动的举办符合开展“国内游”的大趋势，为文旅企业提供了对外交流的合作平台，为目前伊春旅游市场注入了新的血液，是为伊春市各大景区及旅行社雪中送炭的关键机会。第十届中国伊春森林冰雪欢乐季系列活动的顺利举办，对伊春

林区经济转型发展具有重大意义，牢固树立了“冰天雪地也是金山银山”的发展理念，全面提升了伊春冰雪旅游产业的发展水平，是振兴伊春经济发展的新动力，延长了伊春市冰雪经济产业链，提升了伊春市冰雪旅游乃至整体旅游的经济价值和发展空间，让伊春这座森林城市焕发青春活力。

## 专家点评

在东北振兴的大战略助推下，近年来黑龙江“伊春旅游”异军突起，成为东北旅游中的一张亮眼名片。在“三亿人上冰雪”大背景下，伊春旅游抓住地域冰雪旅游资源，延续多年森林冰雪文旅品牌优势，借力冬奥热度，将“第十届中国伊春森林冰雪欢乐季”系列活动办出了新亮点，通过活动搭台、冰雪唱戏、文旅宣传，再次把伊春冰雪奇缘传递到了大江南北，把冰雪“冷资源”变成消费“热经济”。通过前九届冰雪欢乐季的举办，伊春总结出了丰富的经验，在第十届厚积薄发、推陈出新，打造了良好的输出渠道和产品内容，结合国内新消费趋势，融合温泉康养、亲子研学、特色民宿、民俗文化等新业态，积极在欢乐季中把握宣传时机，引入更多冰雪活动形式、扩大更多冰雪参与主体，将“森林冰雪”作为核心进行推广，为全国同类活动树立了典范。品牌引领、宣传推进、多元参与、渠道助力，伊春总结出了有节奏、有计划的森林冰雪欢乐季宣传要点，形成了政府引领、企业助力、市场参与的格局，释放了冬季冰雪旅游的社会效益和经济效益。

# 从零起步　打造本土文旅代言人

——黑龙江省大兴安岭地区塔河县文体广电和旅游局

## 一、案例简介

黑龙江省大兴安岭地区位于祖国版图的金鸡之冠，地处中国最北端，以广袤的原始森林、湿地而闻名全国，与俄罗斯隔江相望。塔河县，位于大兴安岭腹地，黑龙江上游流域，伊勒呼里山北麓。森林覆盖率在90%以上，全国最大的鄂伦春民族聚居地坐落于此。塔河县山清水秀，宛若田园画卷，具有发展森林避暑游、冰雪旅游、乡村游、民俗游等天然优势，但受困于地处全国交通链末端、经济发展水平等因素，一直以来，文旅产业发展相对薄弱。

2020年，在大兴安岭塔河县文体广电和旅游局局长都波的带领下，组建了致力于线上旅游宣传的“傻嘟嘟”团队。持续创作、发布展现塔河人文特色、自然风景的短视频作品，义务为家乡“代言”，将不见经传的塔河推到国内首个短视频媒介的舞台，引起了广泛关注和好评，塔河成了不少网友心目中的“宝藏旅游地”。

经过一年多发展，“傻嘟嘟”团队交出了一份亮眼成绩单：在新媒体平台发布300余条短视频，总播放量达到7亿余次，收获全网70万粉丝。相比于塔河县7.5万的人口、40万人次/年的旅游接待量，这些视频的传播量可谓是“天文数字”。在2020年年底国新办新闻发布会上，文化和旅游部资源开发司负责人提名表扬大兴安岭的“傻嘟嘟”、四川的丁真、新疆的贺娇龙等一线文旅工作者在新媒体推广当地文旅的做法，肯定了“傻嘟嘟”团队作为本土旅游代言人，对当地旅游开发和乡村旅游起到的积极作用。

## 二、主要做法和亮点

### （一）本土网红自学成才

2020年，一场突如其来的疫情，旅游业被迫按下“暂停键”。在线下旅游活动遭遇寒冬的危机时，大兴安岭塔河县文体广电和旅游局局长都波将目光转向了线上营销。2020年2月，她在抖音发布的一条防疫宣传视频播放量突破了65万次，巨

大的流量让她感受到了新媒体的传播力量。“抖音、快手等自媒体平台发展迅速，一段舞蹈、一曲音乐，能够迅速地全网传播，被大家喜爱，为什么我们的文旅营销不能转战这些平台呢？”她内心急切地想把家乡的美景和淳朴的风土人情告诉全世界。

将本土优质旅游资源进行远程可视化，通过新媒体去展示，一方面宣传成本相对较低，另一方面通过短期学习培训就可上手。相对于林区优秀人才相对短缺的现状来说，无疑是最佳选择。

白天，“傻嘟嘟”团队照常完成日常文旅工作，晚上，团队自学、研究新媒体运营方法。他们联系大兴安岭各个地区的朋友提供景点线索，策划拍摄主题和撰写传播文案，在节假日等业余时间完成拍摄和剪辑等工作。新媒体文旅营销就是要抓住社会热点，同时迅速跟进宣传，通过短视频及相关话题维持流量、做高流量。为了吸引广大网友的注意，“傻嘟嘟”团队哪里有热度就蹭哪里，结合当地特色进行视频创作，后期剪辑精确到每一帧，控制短视频时长，提高作品的完播率，迎合社交媒体时代旅游主流消费人群获取信息的新习惯。

“傻嘟嘟”团队的优势在于，对大兴安岭和林区文化的深刻理解与热爱，让受众能够沉浸在这片土地生活的情景中，也成为林区美好生活的一分子，团队为家乡提供长期的、真实的宣传，对提升景区、旅游目的地的知名度、游客兴趣、忠诚度和保留率起到积极作用。

## （二）爆款视频打造地域标签

塔河县自然资源禀赋、生态环境优良，负氧离子含量每立方厘米3.8万~5万个，拥有全国70%的野生蓝莓产量，具有发展旅游产业的先天优势。

作为普通偏远林区的业余团队，为了满足人们在社交平台追求新鲜的需求，经过一段时间的摸索，“傻嘟嘟”团队找到了突出重围的重要法宝——打造账号的“地域特色”。他们将拍摄场景置于大兴安岭的绿水青山、知名景区景点之中，以优美的风景、欢快的舞蹈、幽默的风格，呈现本地的衣、食、住、行、游特点，成功打造出多个爆款视频，借助网络流量形成传播力量，让“塔河”成为网友心中向往的旅游目的地。团队在服装、道具、布景上下功夫，比如置身雪景穿着羊皮马甲在马车旁跳舞，在民俗馆中穿着花布衣裳抽大烟袋，在乡村沙土路上骑二八大杠穿过散步的牛群，视频里透露出的东北气息，吸引了不同地域网友的关注。“东北风”“原生态”“有趣”等已成为大兴安岭在网友心中的文旅名片、文旅标签，成功助力塔河“破圈”，成为主流关注热点。

## （三）文旅代言人形成流量转化

一年多的时间，大兴安岭的山山水水填满了团队的假期，周边县市有节庆活

动他们都会积极去参与，他们让大兴安岭的秀丽风光在网友脑海里印象深刻，让家乡——塔河在网友面前不再陌生。初期作品留言里充满疑惑："这是在哪个省？""塔河位于西藏吗？"现在的留言是："大兴安岭的生态真好""羡慕塔河的蓝天白云，有机会一定去看看"。

"傻嘟嘟"团队的作品成功带动了当地的周边游和周末游，让当地网友的想法从"大兴安岭的景色不都一样吗，××有什么可看的"转变为"大兴安岭有这么美的地方我怎么不知道""这回周末有地儿可去了"。他们打造的"爆款视频"刺激了当地的消费，团队去采摘园拍摄，网友会跟风而去，团队发布"爆米花变装"带火了爆米花大叔，周边地区的网友都追着热度，来塔河走街串巷寻找爆米花大叔的身影。

2020年国庆节假期前夕，团队利用两天时间在漠河拍摄了20多条作品并发布，虽在疫情期间，漠河北极村景区"十一"黄金周的游客量没降反增。在景区拍摄时，团队时常会邀请现场一些跃跃欲的游客参与录制，比如热门舞蹈或是有趣的小游戏，既增加了景区的互动体验满意度，又调动了气氛。

在抖音等新媒体平台上，"傻嘟嘟"在#我在龙江上热门#（4.4亿次播放）话题中，获得点赞第一名（3000余作品）；#龙江金秋#（122万次播放）话题点赞前

六名均为“傻嘟嘟”团队作品；# 云游龙江待花开 #（1225 万次播放）话题中“傻嘟嘟”团队有 2 部作品位列前 5。

同时，团队依托自身经历，给当地新媒体爱好者开展多次线上、线下义务培训，带领新媒体爱好者自创话题 # 畅游塔河 #（1.1 亿次播放）并带火 4 个子话题，他们让更多人参与到文旅营销当中来，及时与景区加强关联，互相加分，通过打造“文旅 + 短视频”本土网红生态矩阵，实现文旅产业从线上内容走向线下景区的顺利衔接、流量转化。

团队多次与山东卫视、甘孜文旅进行线上互动，参与中央一套《生活圈》栏目、抖音线上跨年、网络春晚等宣传活动。2020 年中国旅游日“傻嘟嘟”团队以举办“云游塔河”主题活动为契机，首次在抖音平台进行同步直播，成功销售特色旅游商品 434 单，迈出了塔河“互联网 + 旅游营销”的第一步。2021 年元旦，在抖音平台的支持下，团队代表祖国最北县城举办了“迎接新年的第一缕阳光”活动，进行全程直播，受到黑龙江省电视台龙视直播间、新闻在线等各大栏目的关注，抖音官方媒体账号“四川观察”也报道了此次直播。

## 三、主要成效

驻守初心，为家乡代言。与旅游大V相比他们的账号里没有全世界的美景，塔河就是他们的全世界。随着账号的不断发展，团队的知名度不断提高，特色鲜明的表现形式吸引了大量的企业寻求合作。希望借助团队的流量和人气获取经济利益，有的甚至开出年薪百万元的待遇高薪聘请……这些都被都局长一一拒绝，都局长说："我只想为这片黑土地代言，我只想带着我的家乡'弯道超车'！"因为热爱，他们在为脚下的土地付出。

"十四五"开局之年，"傻嘟嘟"团队在新媒体的发展蓝图已经绘就，将充分依托庞大的线上关注流量，进一步宣传、推广当地文旅品牌，吸引流量线下转化，并将同步开发当地特色文创产品、旅游纪念品，助推当地林下经济农副产品销售，为当地企业和群众纾困，推动当地文旅产业继续向好、向快发展，助力全县乡村振兴建设。

### 专家点评

塔河县文旅局"傻嘟嘟"团队和其基于短视频的营销，是2020年，文化和旅游营销方面出现的守得住初心、经得起推敲、耐得住考验的现象级兼具时尚感的案例，展现了文旅人勇于自我突破积极探索学习的进取之心，探索了本土文旅代言人塑造、培育且利用节假日时间经济有效地推广本地文化和旅游的星辰大海途径，走出了平凡文旅人的不平凡营销策划示范之路。用世界的语言展现民族文化，用国际的舞台表达本土生活，用时尚的短视频形式传播旅游要素，来自边疆小城塔河县的"傻嘟嘟"团队，在内容策划、视频制作和文旅营销中，充分展现了对家乡山水人文旅游的热爱，用年轻人喜闻乐见的方式体现了家乡美和民族自信，在从流量到游客量的转化中，积极探索消费类产品营造，丰富产品和业态，为塔河破圈和后续发展，做足积累和储备。"傻嘟嘟"团队进行的塔河和黑龙江文化旅游内容的宣传推广，拉动了国内一批旅游从业人员进入短视频和社交媒体宣传家乡美的热情，展现了旅游从业人员的职业素养和精神面貌。

# 2020 年上海黄浦思南夜派对

——上海思南公馆商务管理有限公司

## 一、导语

上海思南公馆街区以复兴中路以南、思南路两侧以及重庆南路以西为界，始建于 1920 年，于 2010 年完成保留保护改造。是上海市中心唯一一个成片花园洋房，拥有 51 幢历史保留保护建筑，周恩来、曾朴、梅兰芳、柳亚子等都曾居住于此。目前主要业态是商业、办公、酒店和住宅。

从 2010 年开始市场化运营以来，按照“文化思南，城市空间”和“公共互动，

开放包容”的运营理念，思南公馆着力打造上海充满人文精神的城市公共空间，每年 800 余场活动持续用创意点亮公共空间，用人文传递城市温度。在这里，举办了十年的夏至音乐日，七年的思南读书会，五年的思南街角之声，四年的摩登思南季、思南纪实空间、思南城市空间艺术节，三年的思南露天博物馆 SINAN WALK、思南赏艺会，以及 2020 年新的品牌：思南十年、思南夜派对、思南汇科厅、思南时区画廊等，几乎涵盖音乐、出版、读书、时尚、设计、展览、影视、戏曲、戏剧、科普、体育等各个方面。截至 2020 年，思南共计 3000 余场大大小小的活动，吸引了千万客流，引发媒体争相报道，央视新闻、CGTN、新华社、中新社、人民网、新闻综合、东方卫视、ICS、《新闻晨报》、纪实人文、SMG 看看新闻等，媒体阅读总量及媒体价值超千万元。思南公馆已成为集人文、历史和时尚于一身，极具特色的城市公共空间和蜚声国内外的文化名片。

## 二、活动内容与创新点

2020 年，思南公馆承办了上海首届 66 夜生活节启动仪式，并以此为契机，举办了“思南夜派对”系列活动。对思南原有品牌活动和文化生活进行全面升级，成为集旅游、购物、美食、娱乐、读书、艺术等于一身的一站式周末文艺生活目的地，让周边消费迅速回暖，商旅文氛围大幅活跃。主要亮点如下：

**凸显文化品牌，打造上海文艺品牌的聚集地。**邀请隐于城市各处的 12 家知名美术馆、博物馆和 7 家国内外画廊、3 家艺术书店，走出自己的文化领域，首次集中露面。

**彰显艺术体验，打造最具生活气息的文旅地标。**“思南夜派对”有百位生活家摊主组成的文艺生活市集，有网罗中外美食的深夜食堂区，有上海顶尖的美术馆、画廊、书店，有融合思南传统品牌“思南街角之声”和“思南夏至音乐日”的露天音乐派对，有思南读书会阅读派对，还有 SINAN WALK 素人导览的夜游露天博物馆和街头戏剧。将艺术体验与生活方式有机融合。

**注重公益人文，打造具有社会价值的发声平台。**2020 年“思南夜派对”期间，携手世界自然基金会（WWF）举办“水的旅程”自然艺术展。展览期间，联合艺术家、环保工作者、专家学者等，举行系列公益讲座、沙龙和工作坊活动。

## 三、活动成效

**聚人气促销费。**截至 2020 年 12 月，“思南夜派对”总计举办 29 场，每周五六日持续开展，平均摊位数为 54 家，20% 以上场次摊位数超 70 家，66 夜生活节摊

位突破 95 家；66 夜生活节周末与 2019 年相比客流量增幅最大，高达 570%，国庆假期同期增长 267%，其他非节假日市集或常规市集的涨幅也在 97% ~ 240% 不等，在极大地带动了思南公馆商业区的人流和消费增长的同时，也带动了思南路、南昌路等支马路商业的发展。

**引发社会广泛关注。**截至 2020 年 12 月，"思南夜派对" 媒体宣传露出 280 次；包括央视新闻、CGTN、看看新闻、《新民晚报》、澎湃新闻、《新闻晨报》等逾百家媒体宣传发布，媒体阅读量约 2300 万，媒体传播人数超 1 亿，其中央视、CGTN 等大媒体独家直播共计 11 次，观看总量 891 万，其中 CCTV80 万、《新民晚报》236 万、

ELLE 562 万。另外，在抖音官方媒体平台，话题曝光超 1 亿，H5 广告页阅读流量约 5000 万次，短视频阅读量 3.9 万。

**取得引领示范作用**。2020 年 5 月上海市文化和旅游局授予思南公馆“上海首批全域旅游示范区”。

## 专家点评

上海思南公馆街区作为拥有百年历史的城市公共空间，在完整保留保护的基础上，延续和发扬其精神属性，组织多方位、多领域的文化、商业活动。通过打造城市公共文化空间，将人流与空间相融合，形成聚散有度的街区特色品牌。

将事件营销常态化，多次反复触达，提升“复购率”，成为本地市民常态化消费热门地点，构建消费者与地区、消费者与商家、消费者与品牌间更多方面、深层次的链接。

提供平台，带动商家、带动消费者、刺激周边商业。以思南公馆街区为基点，辐射周边街区消费增长。引导其他区域品牌聚集，合力创造更大声量，并利用持续性的影响力，不断刷新话题度。通过自有发声渠道和互联网传播，触达更广泛人群。

有可复制的借鉴意义，可在其他城市试点，创建出符合当地特色的夜经济文化与文商旅融合模式。

# 数字驱动文旅新消费整合营销

——浙江省杭州市文化广电旅游局

## 一、案例概述

2020 年，面对新冠肺炎疫情对文旅行业的影响，杭州市文化广电旅游局以数字驱动激活新消费，以文旅融合促进内循环，实施“数字驱动文旅新消费”整合营销项目，推动杭州文旅产业在创新发展、跨界融合中实现转型升级。该项目通过政企联手、区县联动、线上线下交互和融媒体传播，推出“我的家乡我代言、杭州奇妙夜、全球旗袍日、数字经济旅游十景、文旅会奖产业交易会、城市记忆工坊”等一系列子活动，成绩斐然。

## 二、活动内容与创新点

### （一）薇娅助阵，“我的家乡我代言”别开生面

5—6 月，开展“我的家乡我代言”活动，打响了文化旅游市场复苏第一枪。一是直播带货。联手淘宝第一主播薇娅开启“‘薇’笑时刻，最忆杭州”全国首场城市文旅产品直播活动。短短 4 小时直播观看量超过 2100 万，所有商品秒杀售罄，成交额突破 2500 万元。其中杭州采茶体验销量超 2019 年全年 20 倍，杭州开元森泊度假酒店 30 秒售罄 8000 份，相当于 30 秒卖空 3 个月的房间数，刷新了企业单品销量和销售速度新纪录。“薇娅带你游杭州”微博阅读量达到 1665.3 万，冲入 5 月 14—15 日新浪微博本地热搜第二名。阿里巴巴相关平台曝光量达到 3 亿人次。二是达人代言。围绕“有一种温柔很杭州、原汁原味原生活”等主题，邀请俞飞鸿、薇娅等知名人士以及三大世界文化遗产及区、县（市）代言人拍摄 12 支系列宣传视频在省、市电视台连续投放，电视播出覆盖 2.5 亿人次，新华网客户端观看量达到 200 万人次，被学习强国平台全部采用。三是全民代言。发动杭州市民上传杭州主题短视频和图片来分享杭州美好生活。活动期间，上传作品数量千余个，作品点赞数达到 45 万，活动页面浏览量达到 180 万。

## （二）破圈整合，“杭州奇妙夜”精彩纷呈

8 月 14 ~ 16 日晚，牵头举办首届“2020 文旅市集 · 杭州奇妙夜”，展会面积超 1 万平方米，设置商户展位近 200 个，吸引游客 11.8 万人次（外地游客 4 万人次），线上线下共拉动消费 3008 万元。一是历史浓缩增添奇妙夜厚重。活动浓缩杭州历史文化的老字号和非遗、基于杭州美景和文化研发的文旅产品，以及近年来杭州和周边旅游城市在文旅融合创新方面的优质成果进行集中展示。二是数字创新增添奇妙夜活力。活动增加杭州新零售与新科技体验，与文旅产品共同彰显“杭州韵、中国风、国际范、时尚潮”。“飞跃西湖”VR 体验、小竹林文创市集、轻奢浪漫野营等 50 多种文旅体验精彩纷呈，直播带货、潮流打卡等创新形式与传统文化交相辉映，不仅拉动文旅消费，也呈现一场精神文化盛宴。三是商圈联动，多点齐发激活内循环。薇娅作为杭州旅游推广大使首次尝试“边走边播”新形式，吸引线上 1400 多万人次围观，1 小时销售 1690 万元；杭州旅游推广使者“急速菜菜”现场直播销售 538 万元；联动市集所在的江干区周边商圈打折互动，共创销售佳绩。四是平台共

建，区域互动发力新合作。上海、南京、苏州、宁波、黄山等长三角城市的加盟，成为本次活动的另一大亮点，让杭州市民在家门口就实现“畅游”长三角的梦想。

### （三）主客共享，“全球旗袍日”提振消费力

10月16日至11月11日，举办“2020杭州全球旗袍日”。活动打造六大“旗”遇板块，推出北山旗袍旅拍、清河坊“旗”妙夜、“杭州旗袍”云上展、旗袍文化体验游等15项活动，吸引来自长三角的各年龄层旗袍爱好者赴杭体验，让旗袍文化搭乘上“互联网+”的快车，释放新兴消费力。活动参与人数达38.65万人次，总销售额3850万元，媒体总曝光量3.2亿次，获得新华社、中新社、央视、《人民日报》等92家主流媒体308篇报道，并入选杭州市文旅金名片工程和浙江省文化和旅游IP库。一是艺术助力，“旗”妙夜游吸引消费新群体。清河坊“旗”妙夜首次引入极具艺术质感的沉浸式表演，将清河坊历史文化街区打造成古今交融的网红打卡点，推出快乐学堂、清河坊往事、“旗袍精灵”光影秀、旗袍新风尚、旗袍娃娃秀非遗等11个沉浸式演出和体验点活动；首次在线上面向全球推出“杭州旗

袍”云上展，从历年来自24个国家和地区近100件“杭州旗袍”设计师作品中精选佳作展示，浏览量超228万次。二是超级礼遇，“旗”迹之旅预热“双十一”销售。借势飞猪超级之城计划，携手“急速菜菜”在线销售，举行旗袍消费嘉年华活动，发动169家商户提供线下优惠。“旗”妙夜活动4晚吸引市民、游客24.39万人次，带动清河坊街区商户销售额达766万元，环比增长34.98%；同期带动周边银泰西湖店销售额达1500万元，同比增长10%以上。三是公众关注，“杭州全球旗袍日”占据热搜位置。活动双话题“2020杭州全球旗袍日”和“‘旗’妙杭州”均登上了微博热搜，阅读量超4000万次；“杭州旗袍”评选活动获百度搜索首页推荐；清河坊“旗”妙夜主题晚会通过央视频、中国蓝TV客户端等平台进行网络直播，在线观看人数达1500万人次。

## （四）跨界融合，“产业交易会”首推新十景引热议

9月，举办“2020杭州文旅峰会·新经济会议目的地产业交易会”，推出数字经济旅游十景，首次在会奖旅游项目引进上直达新经济企业终端买家，首次在文旅引资上直达国内知名投资机构。一是积极引进会奖旅游项目。吸引了120余位新经济企业买家带来500余个会议项目，与杭州136家文旅会议企业完成一对一业务洽谈2000余次，初步达成引进会议合作意向300余个，预估来杭参会人数达12万人次。二是推出数字经济旅游十景。为深入推进优势产业与文旅会议产业融合发展，

有效提升杭州在长三角区域差异化发展优势，市文化广电旅游局主动适应消费需求之变，提升供给体系对市场的适配性，跨界融合挖掘文旅新 IP，在交易会上面向全国首推包括阿里巴巴、海康威视等在内的“杭州数字经济旅游十景”，实现数字经济旅游产品从“0”到“1”的突破，勇当数字文旅消费新潮流引领者。“十景”体现了“文化旅游 + 数字经济”的有机结合，是经济和旅游复合“金名片”。三是口碑效应得到彰显。活动得到了社会各界高度关注和一致好评，旅行社、会议公司已将“十景”纳入产品体系，并启动市场推广；广大网友纷纷点赞留言，表达浓厚的参访兴趣；百余家媒体争相报道，境内外宣传总曝光量超 2 亿次，登上新华社浙江

热榜第一，杭州发布微信公众号推文阅读量达到7.4万以上，微博话题阅读量高达280万以上；新华网与App端阅读人数超80万人次。

### （五）多方联动，“城市记忆工坊”有声有色

11月17日至12月18日，开展了“城市记忆工坊”杭州区、县（市）推广季活动。邀请杭州7个区、县（市）文广旅体局以及浙江省中旅等5家旅行社共同开设“城市记忆工坊”89堂免费手工体验课程。全国首推北山探秘、天街寻踪、南山如烟、南宋有约、禅茶一味、富甲江南、三竺禅修、匠造杭州之一方印、匠造杭州之一织锦、博览运河10条“城市记忆”主题文旅线路产品，邀请市民、游客同享指尖上的“记忆”，并在西湖银泰和飞猪平台组织线上、线下产品展销，吸引国内168家媒体宣传报道，总曝光量超1亿。

## 三、主要成效

据不完全统计，贯穿全年的系列活动吸引了400余家文旅企业参与，线上线下拉动消费9383万元；国内外主流媒体宣传曝光超10亿，4次冲上新浪热搜，入选

中央媒体14篇、省级媒体24篇、学习强国26篇；相关子活动获得浙江文化和旅游推广创新优秀案例奖、《人民日报》“海帆奖”最佳融通中外案例、年度城市IP营销创新奖、“2020杭州文旅消费季”活动最佳夜间人气奖、“中国最具创新力会奖目的地”称号等奖项，多次受到杭州市主要领导批示肯定。活动有效提振了消费、打响了品牌、赢得了口碑，为疫后文化和旅游产业复苏挥出了漂亮组合拳，实现了文化旅游消费带动城市消费升级的良性循环。

## 专家点评

杭州市的目的地营销活动一直以来给人的印象是布局全面，形式新颖，近年来在数字化营销的使用方面更是追新求变，在新手段的运用上学得快，用得好。新冠疫情的出现使依托于互联网的信息传播方式得以迅速拓展，消费者对于各种网络传播新工具接受态度良好。基于此，杭州市在开展旅游营销活动时着重考虑充分利用“网红”的影响力，线上线下相结合，IP的创新与落地产品运作相结合，多种数字化手段相结合，不断与消费者开展互动，使消费者在营销活动中有参与感，并自动成为营销的助力者。新的消费群体，新的消费需求，需要新的营销活动与之配合，数字整合营销的合理运用，是新时代提高营销效率的不二选择。

# “福建红色旅游村跑”

——福建省文化和旅游厅

## 一、活动简介

“福建红色旅游村跑”是由福建省文化和旅游厅主办的文体旅创新融合、献礼建党百年系列主题活动，通过政府引导、社会参与、市场运作等多手段激活，联动福建全省红色生态旅游资源，打破地域壁垒，形成统一的福建红色旅游品牌形象。项目围绕福建“一个龙头、一条廊道、五区协同”红色旅游发展空间格局，推出福建红色旅游精品线路，朝着跑进“福建100个红色乡村”目标前进。

2020年，在深入贯彻实施《2016—2020年全国红色旅游发展规划纲要》“将

福建省打造成为全国红色生态旅游示范省”的背景下，“红色旅游村跑”成功举办6站，辐射闽南、闽东、闽北地区，跑入周宁、永春、清流、顺昌、马尾、寿宁。

在产品创新上，“2020福建红色旅游村跑”以“教+跑+游”的形式，将红色教育、健身跑步、乡村体验有机结合，围绕党史重要事件、重要活动和重要遗址旧址等组织开展红色主题活动，并结合在地非遗、古建、人文等元素设计红色旅行线路进行推介。近3000人参与线下“红色旅游村跑”活动，一起忆苦思甜，追寻红色精神。项目以红色文化为引领，助推乡村振兴，实现经济效益与社会效益双丰收，成为了集声量、流量、影响力三位一体的红色属性明星产品线。

在宣传推广模式上，项目整合了专业传播策划及媒体资源，以多种新颖的活动体验和传播策略，全方位、全媒体矩阵打造360°传播链条，全面铺开声势，提升IP影响力。通过微博话题、视频、直播、媒体报道等方式，扩大活动传播声量。利用新媒体的力量，联动KOL、短视频等时下流行的传播方式，贯穿整个传播周期，增强互动，提升受众好感度与到达率，实现全网传播实时曝光累计达2亿次，并登上学习强国平台全国频道红色旅游首条，获得央视新闻移动网、凤凰新闻等媒体平台首页直播推荐。

面对新冠肺炎疫情对文旅行业造成的巨大影响，海峡旅游积极发挥村跑IP优势及媒体资源优势，全程配备防疫措施，安全有序开展线下活动，助推福建文旅产业复苏。

## 二、活动内容与创新点

### （一）深度挖掘福建红色文化与乡村生态，将革命传统教育与旅游开发体验有机结合，促进福建文体旅经济融合发展

“红色旅游村跑”系列活动通过对红色文化的深度挖掘和活力呈现，将红色文化与生态、自然、民俗、城镇、景观等有机融合，创新业态，活化体验，以寓教于乐的方式诠释红色文化的核心价值，用红色记忆串联一场在地沉浸式跑游体验，形成红色文化与旅游产业及周边产业的化学反应，提升红色文化内涵。通过 2020 年 6 站“红色旅游村跑”的实践，印证了乡村“红色教育 + 健身跑步 + 乡村体验”模式的成功，破解了红色旅游同质化困境，形成福建红色文旅 IP。

### （二）立足红色资源禀赋，创新优质内容，以短视频为突破点，助力福建红色文化推广

依托福建丰富的红色文化资源，邀约名人大咖、先进工作者、医疗工作者、优秀企业员工等 18 位红色目的地优秀代表，结合时下最热的短视频海报的形式，在微信、微博、抖音等平台为“福建红”代言。通过“我为福建红代言”系列短视频引起大众对红色文化的兴趣，并再次发起 # 红动中国我最红 # 挑战赛，在微博、抖音、

微信等社交平台，共累积超过千万点击率，# 红色旅游村跑 #、# 红色村跑 # 双微博话题累积达 1.6 亿阅读量，让“福建红”成为流量新 IP。

## （三）以“红色旅游村跑”为载体，运用直播的方式，深度展现福建“红 + 绿”融合发展成果

红色是福建的底色，绿色是福建的亮色，在福建红色旅游“生态搭台、红色唱戏”的发展模式下，通过直播平台主播宣传福建“红色旅游村跑”的同时，展示福建乡村风貌及特色风物，赋能八闽乡村振兴。活动在央视新闻、新华社现场云、凤凰新闻、微信云现场、一直播五大平台进行现场直播，总点击量达 2395.3 万。

## （四）构建红色文化传播全媒体矩阵，创意设计红色主题记忆展、发布专题报道、制作红色宣传册，多维度展现福建红色画卷

构建涵盖微博、微信、抖音、央级媒体、自媒体、机场广告、《海峡旅游》杂志等全媒体立体传播矩阵，扩大宣传覆盖面，对外发出福建“红色”最强音。创意设计红色主题记忆展，让参观者深情重温红色土地上的风光、文化和历史底蕴，展示不一样的“福建红”；在拥有正规刊号 CN-35（Q）第 0076 号的《海峡旅游》杂志上，对“红色旅游村跑”系列活动进行了专题报道（6 期，每期 2P），以专业媒体角度深度剖析目的地红色文化；制作“红色旅游村跑”宣传册于厦门高崎国际机场 T3/

T4 航站楼、福州长乐国际机场、五通码头等旅游枢纽服务中心取阅架进行摆放宣传等，截至 2020 年 12 月 23 日，“红色旅游村跑”全网曝光度突破 2 亿。

## （五）线下 + 线上开展公益行动，以红色文旅助力乡村振兴，助力当地文旅产业复苏

2020 年“福建红色旅游村跑”在福建 6 个乡村开展活动，在安全有序的防疫措施下，每站线下超 300 人参与，6 站共计近 3000 人参与，通过乡野市集助农、农产品线上商城销售、先进党员捐赠仪式等方式开展公益行动；同时，发起红色线上接力跑，以线上跑步晒公里数接力的形式，让每个红色旅游目的地获得助农直播的机会，最终有超 1 万人共同接力 2 万公里，传递红色精神，为八闽乡村振兴加速，助力福建文旅产业复苏。

### 专家点评

“福建红色旅游村跑”围绕福建“一个龙头、一条廊道、五区协同”红色旅游发展空间格局，推出红色旅游精品线路。在产品创新上，2020 年“福建红色旅游村跑”以“教 + 跑 + 游”的形式，将红色教育、健身跑步、乡村体验有机结合，围绕党史重要事件、重要活动和重要遗址旧址等组织开展红色主题活动，并结合在地非遗、古建、人文等元素设计红色旅行线路进行推介。通过政府引导、社会参与、市场运作等多手段激活，联动福建全省红色生态旅游资源，打破地域壁垒，形成统一的福建红色旅游品牌形象。

# 2020 年婺源篁岭土味晒秋节

——江西省上饶市婺源篁岭文旅股份有限公司

## 一、案例简介

婺源石耳山脚下的篁岭村，因“地无三尺平”的独特地貌，造就了家家户户支杆晾晒的“晒秋”农俗景观。浓郁的山区农俗晒秋，极富视觉冲击力的色彩变化，建筑与竹匾的方圆造型对比，共同构成了独一无二的乡村美景，也是篁岭村宝贵的人文财富。

篁岭景区自 2015 年开始举办晒秋节，2020 年已是第六届，近年来融合了“晒秋 + 影视”“晒秋 + 美食”“晒秋 + 文化”等多种形式。2020 年在新冠肺炎疫情影响

下，篁岭景区转变营销思路，改变以往以景区线下活动为主的模式，结合乡村情景和游客喜好，以更贴近农村生活的“土味发布会”揭开了 2020 年秋季营销的序幕，以抖音为主战场，综艺节目、电视新闻、短视频创作大赛和摄影大赛轮番上阵。从 8 月 7 日立秋节开幕至 12 月 21 日冬至落幕，持续 5 个月之久的“土味晒秋节”反响热烈，品牌效应和经济效益实现双丰收。

## 二、活动内容与创新点

“土味”营销的兴起，以消费者审美多元、土味文化融入主流为根基。一方面消费新势力 95 后、00 后成长于经济发展的时代，他们见多识广，对高级感早已见怪不怪，更偏好以小众、具备反差感的文化符号彰显个性，新奇有趣的元素才能赢得他们的注意力。另一方面，城市物质发展过程中，小镇、乡村被边缘化，用更乡村质朴、回归本真、贴近自然的状态才能够引起广大群体的情感共鸣。

## （一）别出心裁，成就另类宣传

篁岭景区在 2020 年秋季营销中正确把握了新时期“土”的概念和痛点，结合乡村型景区的实际情况，将“土味晒秋节”推送到了游客眼前。

纵观整个晒秋节发布会，将场景即营销贯彻到极致，乡亲们、搪瓷杯、热水瓶、红布头话筒、村口大喇叭、手写横幅等元素高度还原了 20 世纪六七十年代农村开大会的场景，这种场景与篁岭景区的乡村风貌产生了情感化学反应，让游客回到了那个年代，有回忆也有猎奇。

篁岭营销团队对整个土味发布会进行了录制，并推出时长 15 秒和 4 分钟的多版本视频，分发给新华社、新华网、人民网、凤凰网、中国日报网、《新京报》、央广网、江西网等数十家媒体，抖音、新浪微博、微信公众号等自媒体持续发布，一时间“土味晒秋节”成为婺源乃至江西的检索高频词汇，百度检索 8 万余条。

## （二）综艺助力，篁岭赏秋快速升温

篁岭“土味晒秋节”经过第一轮发酵之后，受到了国内诸多媒体关注，各种形式的报道蜂拥而至，其中湖南卫视《天天向上》节目组到景区进行了实地勘察并邀请以董事长吴向阳为主的“晒秋天团”到湖南进行节目录制，将“土味发布会”这一形式从篁岭村搬上了《天天向上》的大舞台，实现“旅游＋综艺”的强强联合。

《天天向上》节目播出后，据不完全统计，湖南卫视、芒果 TV、抖音等多个平台播放量破亿次，把婺源篁岭的四季景观和文化内涵更加全面地展示给全国观众。在节目中通过 3 个板块深入分析篁岭模式，提炼篁岭晒秋 IP 内核、打造网红打卡项目、挖掘婺源特色美食，让多元化的篁岭更加深入人心。

节目播出后，篁岭景区在售票中心、天街食府、索道站等多处电子屏幕上播放《天天向上》节目，让更多游客将综艺与篁岭结合，从而在篁岭打卡。国庆黄金周后，篁岭晒秋势头依旧不减，年轻群体通过综艺节目了解到篁岭进而线下打卡，甩饼哥门店时常被游客环绕，天街食府游客络绎不绝。篁岭景区国庆游客量反超 2019 年同期。

## （三）牵手抖音，将创作进行到底

篁岭村长在“土味晒秋节”上号召全体村民和游客朋友到村里拍抖音、做直

播，得到了广泛的呼应。2020 年 9 月，篁岭景区联合抖音官方推出了话题 # 一起来晒秋 #。作为晒秋节的主力宣传战场，此次话题活动线上和线下相结合，不仅线上话题指数飙升，线下游客创作热情也十分高涨。一是在景区组织抖音创作者大会，邀请了全省近百名抖音创作者围绕“一起来晒秋”主题进行创作，为即将上线的抖音话题提供第一波热度和视频储备。二是在景区线下进行物料铺设，在景区游客中心、观景平台、分叉口等重要路段布置了刀旗、打卡框、水牌、海报、桁架等引导视频创作的宣传物料，引导景区游客广泛参与拍视频赢大奖活动。三是在抖音 App 正式推出话题，通过抖音小助手、开机屏画面广告等推送话题。在话题页中设置篁岭头图和话题说明，并将参赛规则、奖金额度等进行详细说明。在活动期间，广泛邀请抖音 KOL 到景区进行创作，以网红创作者带动景区流量，从而实现客流转化。

## 三、成效经验

2020 年篁岭“土味晒秋节”活动从立秋至冬至，持续 4 个多月，新闻媒体发布稿件 1000 余条，覆盖了电视、报纸、网站、自媒体、短视频等各个平台。湖南卫

视《天天向上》栏目亲临篁岭进行踩线，并邀请篁岭以导师身份向十八洞村传授旅游发展经验。

9 月底，# 一起来晒秋 # 话题上线抖音短视频。通过全民参与的模式，打造热门话题，向外界全方位展示篁岭的秋日魅力。历时近 5 个月的大赛活动，话题 # 一起来晒秋 # 总播放量高达 4.3 亿，参赛作品数量近 4000 条。惊艳的晒秋古镇与短视频的传播，吸引了如房琪 kiki、邵约伦等优质旅行达人与游客慕名而来。在第一期的全国抖音旅行榜中，婺源篁岭景区以 3157.0 万热度荣获全国第五，成为短视频平台的热门旅游目的地。

在网络热度和曝光量不断攀升的同时，婺源篁岭景区也实现了客流量上的大丰收。“十一”小长假期间，篁岭共计接待游客超 10 万人次，10 月 3 日单日接待 2.1 万人，创下疫情后单日新高。10 月和 11 月两个月共接待游客近 40 万人，反超 2019 年同期数据。

## 专家点评

本案例最大亮点是符合村落景区自身特点和现代受众“回归本真”需求的土味营销，“晒秋节发布”汇集的各种乡土元素很好地体现了场景即营销的理念。本次晒秋节别出心裁的以线上短视频为突破点，依托当地特色资源“晒秋”，从影视、美食、文化等多种角度进行优质内容创作，突破传统平台的限制，通过融媒体传播矩阵进行台网联动，借势综艺进行品牌线上推广，把“晒秋”景观和文化内涵最大限度地在全国范围内传播，让游客身临其境、所见即所得，让“篁岭晒秋”这个乡村 IP 进一步深入人心。

# “弯道超车　创造奇迹”
## ——2020 老君山宣传推广案例

——河南省老君山文化旅游集团有限公司

## 一、案例简介

2020 年，新冠肺炎疫情来袭，全国文旅行业元气大伤，不少企业步履维艰。然而，在这特殊时期，中国文旅业却杀出了一匹大黑马——河南老君山，面对疫情重创，开拓进取，迎难而上，坚持创意营销、立体式的营销思路、吸引眼球的特色服务、全年无休的创意活动、独具特色的推广手段等，奇迹般地实现了弯道超车，成绩喜人。

“观海避暑节”“金婚庆典”“一元午餐”“君山雪景”短视频等一个个创意活动及热点被媒体和游客点赞，全年10余次被央视关注，《人民日报》、中新社、新华社等数十家媒体纷纷报道，并长期上榜抖音旅行热门。

景区营收逆势上扬，全年接待游客180万人次，实现主营收入破3亿元，较2019年增长近70%；单月收入、单日收入、非假日收入、新项目增长等指标均创历史最好成绩。

## 二、主要做法和亮点

### （一）一座山带火一座城

老君山是八百里伏牛山的主峰，因道教始祖老子归隐修炼于此而得名，自古被尊为天下名山，尤以山水独特、景观奇绝、生态宜人、气象万千四个特点著称，山峰、金顶、索道、栈道、古树相映成趣。到了老君山，可以登极顶，观红日喷涌、望云卷云舒；临幽谷，仰飞流直下、听泉响瀑鸣；置林海，嗅花海芳香、聆百鸟齐鸣；走栈道，尽览绝世峰林、如履平地坦途；乘云索，笑看群峰俯首、正是青云直上……

老君山地处中国旅游强县——栾川县，文化旅游业是该县的重点产业。2020年，

新冠肺炎疫情对栾川的经济发展影响巨大。这个时候，老君山景区挺身而出，把初心落在行动中，一手抓抗疫，一手抓经营，全力稳市场，彰显了一个国家 5A 级旅游景区的责任担当，托起了景区主营收入从 1.83 亿元到 3 亿元逆势上扬的曲线，更是带动栾川文旅行业快速复苏。经过一系列的营销推广，从 4 月开始游客就源源不断，每个周末客流量都堪比“黄金周”，栾川县城更是“一房难求”，很多经营农家乐、农家宾馆的村民都实现了喜人的收益。

2020 年 12 月 28 日上午，老君山文旅集团董事局主席杨植森收到一面锦旗，锦旗上“旅游拉动经济复苏　一山带火一城繁荣”16 个大字熠熠生辉，让人感慨万千。

## （二）一碗面温暖了一个假期

别出心裁的特色服务一直以来都是老君山景区营销推广的“独门秘籍”，道士下山给游客送斋饭、复工热干面免费吃、中秋节万枚团圆饼送游客、端午节“离骚”粽子免费吃……一个个特色服务从游客的实际需求出发，结合社会热点，引发游客和媒体的一致点赞。

尤其是每年国庆黄金周期间的“一元午餐”服务，在半山腰支起炉灶做出一碗碗热气腾腾的栾川糁汤面，游客一元钱就可以吃到，并且是无人值守、自助投币，对大家充分信任，让游客在吃到热饭暖身的同时更体验到一份关怀和信任的暖心。

你有情我有意，不少游客都多投币，成为了文旅行业的一段佳话。2020年国庆黄金周期间，“一元午餐”连续第四年亮相老君山，再次被媒体热推、游客点赞，还获得了文化和旅游部、省文化和旅游厅等主管部门的大力表扬。

## （三）一场雪带火了一个冬季

在坚持创意营销及传统渠道宣传的基础上，老君山景区还紧紧抓住了当下热门的宣传方式——短视频，从2019年开始尝试，并在2020年实现了爆发，以短视频爆发为契机，借助省文化和旅游厅组织的文旅者创作大会，邀请几十名网红来景区采风，带动了上亿粉丝关注。观海避暑节期间，金顶、云海及一批网红打卡景点引来众多游客打卡。景区出台老君山短视频奖励政策，激励更多员工、游客参与短视频传播。截至目前，定位老君山风景名胜区的抖音阅读量已超过32亿人次。

2020年11月21日，君山飞雪，千峰万壑玉树琼枝，尤其是银装素裹的“君山金顶”火遍全网，吸引了大量游客前来“远赴人间惊鸿宴，一睹人间盛世颜”。在老君山冰雪雾凇节的首个周末，景区迎来3.2万名游客打卡，客流量堪比黄金周，栾川县城“一房难求”。雪后的10天里，老君山美景六登央视，微信检索指数增长近百倍，百度搜索指数增长10倍，抢占抖音等短视频热搜榜榜首，抖音定位在“老君山风景名胜区”的视频曝光量达5亿。

旅游业进入“人在游、网在看、云在算”的新常态，在利用新媒体宣传推广的同时，2020年，老君山也在加大智慧景区建设，指挥调度、票务系统、应急应答、信息播报、数据统计、语音导游等软硬件全面扩容提升，预约购票、扫码入园、在线咨询、在线支付，起到了严控疫情、减少拥堵的重要作用。打造了“线上与线下”“虚拟与现实”立体融合互动的旅游产品，智慧旅游高效便民，“数据线上跑、用户线下游”相得益彰，“一部手机畅游老君山”也变得越来越精彩。

## （四）一群人创造了一个奇迹

13年间，从一个名不见经传的破败景区，到年收入3亿元、闻名全国的5A级旅游景区。这得益于老君山文旅集团董事局主席杨植森带领下的善战团队，得益于有关部门和当地政府的大力支持，正是这群人的不懈努力和付出，才创造出了不一般的“老君山奇迹”。

2007年8月，老君山深度开发的大幕拉开，历经13年倾力打造，15亿元巨资投入，山水灵动秀美、文化氛围氤氲的老君山完美呈现于伏牛山间。老子文化苑成为老子文化的重要载体；中灵索道正式运营；君山金顶道观群落完美呈现，氤氲着

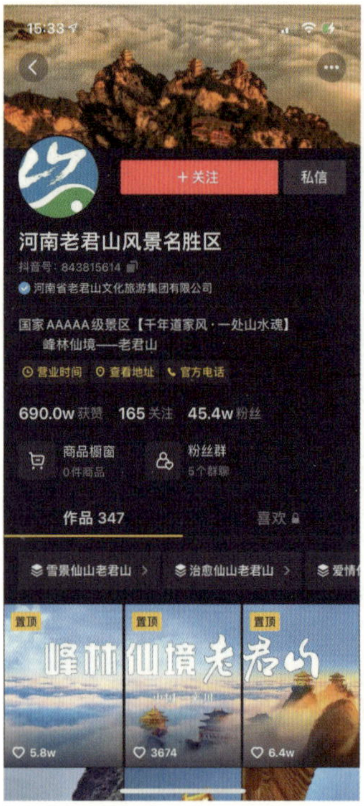

非常之“道”。景区游客中心，山顶游览步道，穿云、步云、飞云水平栈道等一个个重点项目，助推着“一轴两翼七大功能区”的大旅游格局逐渐形成。

在营销推广上，老君山也是独辟蹊径，丰富多彩的特色服务和品牌活动，催热了旅游市场。每年夏天，老君山观海避暑节盛装亮相，无与伦比的云海奇观掀起了强劲的旅游风。国庆黄金周期间，“一元午餐”火爆网络。仙山花海节、观海避暑节、复工热干面、粽子拼《离骚》、金婚庆典、五彩秋趣节……品牌活动和特色服务不断，成为各大媒体的头条新闻。

一次次果断的创新及尝试，让老君山不断地贴近游客；一系列创意营销活动，使老君山的游客量不断增加。

老君山管理局局长徐雷表示：历经十余年砥砺创新，“自然+节庆+文化+市场+扶贫”的老君山营销模式呈现“政治引领、特色创新、系列策划、品牌建设”的良好发展态势，也使更多游客向往老君山、爱上老君山。

“大方无隅、大器晚成、大音希声、大象无形……”这是《道德经》对老君山

最好的注解。百舸争流、千帆竞渡、奋楫争先、只争朝夕，老君山匠心书写了 2020 年最精彩的答卷。

## 专家点评

"远赴人间惊鸿宴，老君山上吃泡面"，这句半妙绝半诙谐的老君山旅游对仗打油诗，成为网上传播的热句，又一次带火了老君山。作为 2020 年年末全国冰雪旅游宣传推广活动中的流量担当之一，以老君山银装素裹的金顶系列短视频为代表的营销活动，延续了多年以来老君山的营销先行、亮点频出的硬核风格，成为了极大短视频平台的亮点，贡献了数亿阅读量。在克服疫情等诸多挑战下，河南洛阳栾川 5A 级旅游景区老君山，积极拥抱营销，用金点子创意、立体式营销、多元化推广，不仅打造了一座名山，更加历练了一只活跃的营销团队、过硬的运营团队，成就了百万游客量、数亿元营收额的现金流金山，拉动了栾川境内民宿、酒店、乡村旅游、服务业态的全面开花，推动了栾川全域旅游的发展，为旅游助力乡村振兴树立了典范。

# 2020年“与爱同行　惠游湖北”主题宣传活动

——湖北省文化和旅游厅

为深入贯彻习近平总书记关于统筹推进新冠肺炎疫情防控和经济社会发展工作以及在湖北考察疫情防控工作时的重要讲话精神，重塑湖北旅游安全形象，激发旅游市场活力，提升旅游消费信心，加快推动旅游业复苏与重振，2020年8月8日至12月31日，湖北省委、省政府启动实施“与爱同行　惠游湖北”活动，全省所有A级旅游景区对全国游客免门票开放。为扩大活动影响，同步开展“与爱同行　惠游湖北”主题宣传活动。

## 一、活动概况

为深入学习贯彻习近平总书记关于统筹推进疫情防控和经济社会发展以及视察湖北的系列重要讲话精神，坚持全省上下联动、全域行动，以做好常态化疫情防控为前提，采取全省 A 级旅游景区免费开放的大举措，大力实施旅游惠民，切实帮助企业纾困。以“全省 A 级旅游景区免费开放”为切入点，开展“与爱同行　惠游湖北”专题宣传，通过活动“造声势”、话题“传声音”、平台“展形象”，形成宣传“组合拳”，重塑湖北安全好客形象，大力宣传推广湖北优秀文化和旅游产品，加快全省旅游业恢复振兴，引爆旅游市场，带动相关服务业回暖，畅通经济循环。

## 二、具体做法

### （一）科学谋划决策，周密部署推进

2020 年，湖北文化和旅游行业遭受疫情严重冲击，湖北省委、省政府从大局出发，抓住旅游业关联度高、综合性强、带动力大的特点，及时果断作出战略决策，自 2020 年 8 月 8 日至 12 月 31 日，在全省启动实施“与爱同行　惠游湖北”活动，全省所有 A 级旅游景区对全国游客免门票开放。在活动开展过程中，湖北省委、省政府先后多次听取省文化和旅游厅工作汇报，对活动提出明确要求，为活动的顺利开展提供了坚强有力的领导。湖北各级党委政府在活动整体框架下细化实施方案，

出台配套政策，形成叠加效应。省文化和旅游厅积极贯彻落实省委、省政府决策部署，拟定活动实施方案，并在活动之初采取一日一调度、活动开展一段时间后采取一周一调度及每个月进行一次督查的方式，扎实推进各项工作顺利开展。

## （二）统筹省、市两级资源，营造浓厚氛围

整个宣传活动期间，围绕“突出‘爱’的主题、聚焦感恩回馈”，展开密集宣传。在省一级，省文化和旅游厅拟定了活动宣传重点时段、主要内容和具体措施，策划实施了“畅游大荆楚　跟鄂来打卡”网络直播、名人代言、省外推介、美文美景美片征集、线路产品评选等系列线上线下宣传活动，持续提升活动热度。各市州配合省级宣传节奏，在省级媒体平台发布相关宣传报道的同时，在各自的融媒体平台同步跟进或带话题转发，发出喊话互游邀请，形成强大声势。“湖北A级旅游景区对全国游客免门票”一经发布，就引起国内外高度关注，瞬时冲上微博热搜榜、百度热榜首位，在各种社交网络上刷屏，全国网民纷纷为“大气湖北”点赞。

## （三）创新宣传内容，促进文旅深度融合

先后推出以“四礼”为主题的系列活动，欢迎八方游客。坚持开展文旅志愿者进景区，文化惠民活动进景区，促进文化传播、促进服务提升“双进双促”活动，招募1万多名志愿者到景区为游客提供暖心服务，把1000多场文化活动送进景区丰富游客

文化体验；组织开展“同唱一首歌、喜迎八方客”，礼赞伟大祖国；先后邀请 3 批社会名人和文体明星为活动发声，礼聘形象代言；聚焦湖北人文风光、灵山秀水和特色民俗，依托学习强国平台湖北频道开展主题系列文艺作品征集活动，吸引游客参与体验文化旅游建设成果，全面提升文化吸引力和旅游影响力。

### （四）聚合新媒体资源，展现亮丽形象

活动开展以来，在百度、今日头条、抖音、新浪、斗鱼直播等新媒体平台和微信、微博开展线上宣传，持续输出湖北优质文化和旅游产品，传递湖北文化和旅游品牌的美誉。在百度，定制“与爱同行　惠游湖北”搜索专栏，上线“与爱同行　惠游湖北”百度信息流推广；在今日头条和抖音，通过开屏、抖音搜索推荐、热点榜、信息流推广、话题互动等形式，对活动进行了全面宣传，同时邀请抖音视频达人、图文作者通过拍摄 vlog、航拍、打卡指南、旅游攻略等，打造网红地标，引导游客关注和参与活动宣传；在新浪微博，联动旅游、摄影等大 V 进行推荐，同时“与爱同行　惠游湖北”微博热搜话题定向武汉宣传。

## 三、主要成效

### （一）主题宣传成效显著

人民网、新华网等主流媒体纷纷聚集“与爱同行　惠游湖北”系列活动，国内外

主流媒体报道活动 12.3 万篇次。今日头条、抖音平台 # 与爱同行　惠游湖北 # 相关话题下短视频和文章曝光量超 17 亿人次，# 与爱同行　惠游湖北 # 抖音单个话题播放量超 2.4 亿次；新浪微博站话题参与讨论人数超过 45 万，内容总阅读量超过 28.7 亿；百度相关内容搜索超 8100 万人次，传播量超过 20 亿。活动期间，线上全网活动曝光量达 47.4 亿次。

### （二）推动市场迅速回暖

活动期间，全省参加活动的 390 家 A 级旅游景区累计接待游客 7740.63 万人次，较 2019 年同期增长 19.2%；旅行社组接团队游客累计 1764.32 万人次，较 2019 年同期增长 141%；受活动带动，全省同期共接待游客 33019.42 万人次、实现旅游收入 3474.91 亿元，较 2019 年同期分别增长 18.49%、10.38%；全省全年共接待游客 43729.64 万人次、实现旅游收入 4379.49 亿元，分别恢复至 2019 年的 72.17% 和 63.22%，均高于全国 20 个百分点。

### （三）惠民活动广受好评

“与爱同行　惠游湖北”充分发挥了旅游业在满足人民日益增长的美好生活需要方面的重要作用，通过免门票活动，发送惠民消费券，给广大游客带来了实实在在的实惠，网络留言及好评近数万条，得到市民、游客广泛赞誉。活动期间，黄鹤

楼、欢乐谷、知音号、襄阳盛世唐城、三峡人家、屈原故里、神农架等景区的各类报道频频登陆央视等主流媒体。其中，欢乐谷8上央视、2上外媒，2020年8月15日欢乐谷玛雅海滩水公园举办夜场电音节，火热的现场盛况被外媒刷屏，成为展示中国“疫后重振”成果的有力印证。

在湖北抗击疫情最艰难的时候，全国人民对湖北给予了无私援助和倾力支持，在疫情得到有效控制后，湖北开展真心实意的回馈活动，向全国人民推出A级旅游景区免门票开放的政策。策划的“与爱同行　惠游湖北”主题宣传系列活动，不仅展示了湖北感恩重情的良好形象，同时也向外展示了湖北独特的人文风光，迎来各界赞誉，湖北文化和旅游品牌的美誉度和影响力大幅度提升。

## 专家点评

“与爱同行·惠游湖北”活动是为了深入贯彻习近平总书记关于统筹推进新冠肺炎疫情防控和经济社会发展工作以及在湖北考察疫情防控工作时的重要讲话精神，重塑湖北旅游安全形象，激发旅游市场活力，提升旅游消费信心，加快推动旅游业复苏与重振。活动由湖北省委、省政府启动实施，以“全省A级景区免费开放”为切入点，大力实施旅游惠民，切实帮助涉旅企业纾困。活动带动了相关服务业回暖，畅通了经济循环，展示了湖北感恩重情的良好形象，湖北文化和旅游品牌的美誉度和影响力得到大幅提升。

# 2020 横琴国际休闲旅游岛宣传推广项目

——广东省珠海市横琴新区管理委员会社会事业局

## 一、案例简介

2019 年，国务院通过了《横琴国际休闲旅游岛建设方案》，确立横琴配合澳门建设世界旅游休闲中心的定位。2020 年，认真贯彻落实习近平总书记在庆祝澳门回归祖国 20 周年大会上的讲话精神，按照《横琴国际休闲旅游岛建设方案》和建设横琴粤澳深度合作区的总体部署要求推进粤港澳大湾区建设的决策部署，推进横琴国际休闲旅游岛的建设与促进澳门世界旅游休闲中心建设的发展定位。

横琴旅游整体营销推广从国家格局、横琴自身、市场角度出发，进行整体统筹，从琴澳合作、品牌建设、产品开发、创新活动、展会推广、媒体宣传、渠道拓展等角度，实现横琴旅游市场的快速复苏和高质量发展。

## 二、具体做法

### （一）琴澳全方位合作，促进澳门经济适度多元发展

围绕配合澳门建设世界旅游休闲中心这一发展定位，从制度创新、品牌活动打造、促进澳门品牌输出等方面开展系列互通互动工作。

#### 1. 以制度创新促进琴澳旅游要素互通

立法保障港澳旅游从业人员在横琴新区执业，促进澳门旅游从业人员资质认可法制化，有力拓宽澳门旅游从业人员执业渠道。

扩大澳门导游在横琴执业人员规模，澳门旅游学院横琴培训基地完成揭牌，标志着横琴旅游服务标准提升工作得到实质性进展。

立法保障横琴国际休闲旅游岛建设，率先制定《珠海经济特区横琴国际休闲旅游岛建设条例（草案）》预备立法项目，为正式立法奠定基础。

### 2. 以品牌活动实现琴澳文旅元素融合

以 8 月 18 日横琴口岸新旅检区域开通为契机，在横琴、澳门两地联合举办“心出发 · 澳游横琴”和“心出发 · 琴系澳门”交流考察活动，为进一步开展琴澳一程多站旅游产品奠定基础。

10 月 17 日，横琴新区联合澳门在北京举办“左手澳门 · 右手横琴”琴澳联合旅游推介会活动，推出一程多站琴澳串线产品，吸引百余家旅行社和主要媒体代表参加，人民网等央级媒体给予报道，为琴澳旅游合作翻开新篇章。

### 3. 以“一展两地”助推澳门活动品牌输出

引进“澳门国际文化美食节”，以美食文化打造琴澳名片。吸引近百家大湾区餐饮企业参与，创造国庆期间 10 万人参与的佳绩，拉开了琴澳一展两地的序幕。

落地澳门文化 IP 展，以文创元素助力琴澳文旅产业发展。两地文创要素自由流动和行业资源深度融合，提升琴澳文旅综合实力。

联合澳门在励骏庞都广场举办为期 3 天“澳门书香文化节横琴站暨第一届琴澳文化艺术交流节”，通过与澳门学校和文化公所等地合作，设置“展在琴澳”展览区、“舞在琴澳”舞台广场、“爱在琴澳”教育巷、“美在琴澳”书画巷、“创在琴澳”工美巷、“乐在琴澳”游乐园六大展示区，搭建琴澳阅读基地和文化交流平台。

## （二）高品牌定位，打造横琴国际休闲旅游目的地

结合横琴发展定位，确立“横琴国际休闲旅游岛”品牌目标；通过游客调研及大数据洞察，结合疫后旅游市场趋势，确立“欢乐尽在横琴岛”品牌营销主题；联动琴澳区域合作，打造“左手澳门 · 右手横琴”营销品牌。高屋建瓴品牌定位，多维度品牌构建，推动横琴打造成国际休闲旅游目的地。

以品牌升级形象，围绕品牌目标及营销主题，进行品牌系列文创及宣传物设计传播，打造横琴旅游吉祥物“琴丸子”文创 IP。

联合中国旅游研究院、国家智慧旅游重点实验室、中国消费者研究院，编写

《横琴指数：中国亲子旅游消费者洞察》，深度洞察横琴亲子游客特征，研判亲子旅游市场发展趋势，梳理制定横琴指数评价体系，树立横琴在中国亲子游行业的权威地位。

## （三）创新产品开发，助力文旅深度融合和市场全面复苏

按照“服务景区发展、引导全域旅游、吸引过境游客”的指引开展工作，挖掘横琴旅游资源、突出横琴旅游特色、强化产品线路设计，面向不同目标客群，推出针对性系列主题产品，丰富市场供给，展现横琴多元魅力，推动横琴旅游市场全面复苏。

针对澳门市场串联横琴精品旅游项目，给予补贴优惠政策，推出“心出发·澳游横琴”15 条产品游线，带动澳门人游横琴。

针对大湾区城市，依托横琴推介会深圳站等活动，发布“欢乐尽在横琴岛”六大主题精品线路。

针对远程客源地市场，依托北京举办琴澳联合旅游推介会，推出针对华北、华东地区的琴澳两地一程多站 4 条主题产品线路。

## （四）创新全年活动，打造多元文旅体活动聚集地

依据“户外、运动、健康”的主题开展创新活动，鼓励引进精品活动、扶持IP赛事、倡导全民运动，以“打造多元文化体育活动聚集地”为目标促进文旅体发展。

举办“五月深呼吸”“横琴运动休闲季”“全民健身运动会”“横琴运动嘉年华”“横琴马拉松”等活动串联景区资源，打造动感横琴，传递活力信号；引入“横琴潮车节”“横琴有家露营节”“横琴花海杯钓鱼公开赛”“横琴亲子风筝

节”“横琴汉服文化国潮秀”等活动，吸引亲子家庭、年轻客群，重聚旅游目标客群，展示横琴独特吸引力，形成横琴月月有惊喜、月月有活动的文旅体活动发展态势。

## （五）推进展会推广，精准对接目标市场

召开疫后重启发布会，释放安全利好信号，鼓励游客在做好疫情防控措施的同时参与健康休闲运功。发布会启动当天关键词“横琴”的整体搜索指数为 33 万，曝光量达 4300 万，触达人群约 1200 万人次，为 2020 年旅游市场复苏奠定良好开端。

联动景区企业，组织参展第八届澳门国际旅游（产业）博览会、2020 广东国际旅游产业博览会、横琴深圳旅游推介会、联合澳门开展北京客源地市场推介，参加中青旅联盟第十九届全体成员大会并推介横琴旅游，精准对接当地企业及媒体，实现品牌及渠道有效推广；亮相世界旅游联盟 · 义乌对话，分享“普惠旅游及可持续发展”的横琴经验与横琴愿景。

## （六）多平台媒体宣传，重塑旅游目的地形象

### 1. 创建自媒体矩阵，代表横琴不断发声

构建横琴自媒体矩阵：微博、微信、抖音、小红书、今日头条号，积累粉丝超

21 万，坚持 200 多天不间断发送横琴早安海报，获得 1169 万总互动阅读。代表横琴不断发声，增强粉丝黏性，构建横琴国际休闲旅游岛私域流量池。

### 2. 平面媒体投放，持续保持横琴旅游形象曝光

在机场、口岸、公交站等交通枢纽投放广告 15 块，在 20 辆澳门公交车、400 部电梯、33 块道路广告牌投放横琴国际休闲旅游岛和横琴运动休闲季广告，在各景区酒店投放宣传册 5000 余册，持续保持横琴旅游形象曝光。

### 3. 靶向短信和微信朋友圈，直接触达游客

国庆期间，向来珠游客发送靶向短信共计 460 万条，微信朋友圈触达用户 300 万人，吸引游客关注横琴旅游，转化为潜在游客。

### 4. 亮相电视媒体，让全国人民认识横琴

参加《中国地名大会》第二季录制，通过蚝、岛、桥三段主题展演，分别展示了横琴非物质文化遗产横琴蚝技艺、横琴国际休闲旅游岛风貌、琴澳之间往来互动，充分宣传了横琴新区积极进取、行稳致远的精神风貌。

## （七）借势多种渠道，构建起横琴全国朋友圈

整合 OTA、旅游商资源，以旅游渠道开拓推动产品市场化落地。

### 1. 联动 OTA 实现横琴千万级曝光

借助马蜂窝横琴目的地建设打造旅游资源线上结构化，实现站内引流 1652 万，旅游活动直播带动 77.7 万人观看及互动。

在美团设计专题页并进行站内专题投放，实现国庆期间横琴景区消费人数同比增长 25%。

在携程平台发放 500 万元酒店补贴，优惠活动推出首月，即带动酒店预订量环比增长 600%，带动酒店收入 3820 万元。

### 2. 全国旅行商渠道落地推广直达客源市场

创建以中青旅遨游、上海春秋、广之旅为代表的华北、华东、华南区域产品营销中心，累积包装上线产品 50 余项。

引入中青旅联盟资源，组织联盟成员单位代表开展横琴旅游资源勘察活动，促成横琴景区企业与客源地市场达成战略合作。

帮助横琴旅行社重振市场信心，鼓励横琴旅行社进一步整合旅游产品及线路、多渠道拓展横琴旅游市场，于 10 月印发《横琴新区鼓励旅行社组接团游横琴》，不到 1 个月时间，出团人数就接近 1.3 万人，提升了大众对横琴的认知度及认可度。

## 三、主要成效

亮相国际，荣获 2020 博鳌国际旅游奖“年度整合营销案例奖”及“年度品牌营销大奖”两项殊荣。

行业领先，于马蜂窝地球发现者大会荣获 2020 金触角奖“年度旅行内容营销奖”。

横琴作为“乐行大湾”自驾线路重要的一站，串联广东滨海休闲自驾游线路，成功入选“2020 中国之路 · 乐行大湾”国家级精品线路。

2020 年针对不同客源平台展开宣传，线下宣传覆盖 300 万人次，OTA 平台覆盖 1650 万人次，自媒体平台覆盖 6377 万人次。并获得《中国旅游报》整版专题报道，国家级资源和央媒报道树立强势品牌。

2020 年国庆黄金周，赴横琴旅游人数累计 45 万人次，景区游客同比增长 36%，

横琴口岸出入境游客为 12 万人次，通过横琴旅游消费券带动消费 7388 万元。2020 年横琴新区共接待游客 390 万人次，实现横琴疫后旅游市场的快速复苏和高质量发展。

横琴国际休闲旅游岛宣传推广工作，通过不同类型的海报、文案、视频、线下活动等，联动不同渠道、不同平台进行全面传播，通过极富表现力的视觉呈现、共情式文案，面向不同用户群体的传播渠道，为游客带去对目的地的强烈感知，助力横琴文旅市场的提档升级。

## 专家点评

横琴国际休闲旅游岛坚守其配合澳门建设世界旅游休闲中心的定位，表现出国家战略使命意识、发展横琴的责任担当以及尊重游客的市场理性。案例凸显了品牌支撑、产品拓展、活动驱动和跨界整合的完整策略闭环，其营销推广也能够立足于品牌塑造，以品牌战略来统筹琴澳合作、产品开发、创新活动、展会推广、媒体宣传、渠道拓展等维度，着力开展整合营销沟通。与此同时，其营销传播创意也是匠心独具，极富青春活力的气息，激发了年轻消费群体的参与热情。从整体营销推广的效果来看，达成了经济效益和社会效益兼顾的目标，有力地促进了横琴旅游市场的快速复苏和高质量发展。

# “壮族三月三　相约游广西”文旅 IP 打造

广西壮族自治区文化和旅游厅

## 一、导语

2021 年 4 月 27 日，习近平总书记在广西民族博物馆考察调研时，观看了三月三“歌圩节”壮族对歌等民族文化活动展示。他说，弘扬三月三文化，促进当前的旅游产业，是一件好事，广西的旅游产业大有前途。

广西壮族自治区是全国唯一沿海、沿江、沿边的少数民族自治区，聚居着壮、汉、瑶、苗等 12 个世居民族，其中壮族人口 1700 多万。“三月三”是壮族的传统节日，同时也是广西其他世居民族的重要节日。2014 年，“壮族三月三”入选国家级非物质文化遗产名录；同年，“壮族三月三”成为广西法定节日并放假两天。2018 年以来，自治区文化和旅游厅逐步探索出一条多元协同文旅节庆活动宣传模式，整合推动“壮族三月三·相约游广西”文旅 IP 的建设落地。

2020 年，面对新冠肺炎疫情，自治区文化和旅游厅积极应对，针对后疫情时期的实际，充分利用现代新媒体技术，创新文化旅游推广方式，通过科技赋能，持续提升“壮族三月三·相约游广西”品牌影响力，助推“壮族三月三”发展成为一个展现民族文化魅力、增进民族团结、促进文旅发展、凝聚发展动力的盛会。

## 二、主要做法

### （一）高位推动，政策支持

自治区党委、政府高度重视“壮族三月三”文旅品牌打造，主要领导亲自审定工作方案并参与主要活动。在自治区党委、政府的支持下，自治区文化和旅游厅联合区财政、交通、航空、商务等部门，策划文化旅游联合促销活动方案及系列优惠政策和奖励措施，在“三月三”期间以自治区人民政府的名义颁布执行。

在 2018 年、2019 年“三月三”期间出台系列面向游客的景区门票优惠、旅游航线优惠、入桂包机奖励和高速公路费用打折等政策的基础上，2020 年，面对疫情防控形势，自治区文化和旅游厅倡导“广西人游广西”，发放暖心卡消费券和文化惠民卡，定向鼓励本地群众线上、线下消费，带动文化旅游经济复苏。

### （二）持续发力，深度推介，培育品牌

通过“走出去”和“请进来”，将“三月三”本民族文化“嘉年华”变成区外游客向往的旅游目的地。首先是“走出去”，精心策划组织赴区外、海外开展“壮族三月三·相约游广西”主题推介活动。2018 年以来，共组织赴京、沪、苏、鄂、粤、湘、闽等省市举办了 20 多场以“壮族三月三·相约游广西”为主题的文化旅游推介会和招商会、文创旅游商品大卖场等。与此同时，每年“三月三”期间，把

区内外主流媒体、新媒体及旅行商“请进来”，参与广西采风踩线活动，大力宣传广西文旅特色旅游资源、旅游线路、发展成就、民族文化、旅游扶贫成果等，吸引区外甚至是海外游客在“三月三”期间前往广西旅游。

2020 年，受新冠肺炎疫情影响，自治区文化和旅游厅持续发力，精心策划了“壮族三月三”系列线上文旅活动，这些活动融趣味性、知识性和互动性于一体，把山水风光、人情风物和民族文化送到千家万户，让游客足不出户畅游广西，畅享“壮族三月三”，拓展了品牌推介的深度和广度。

## （三）科技赋能，创意营销，展示多彩文化

针对疫情防控，在广播电视、报纸杂志和网站等传统媒体基础上，自治区文化和旅游厅立足抖音、微博、直播、短视频、H5、VR 等新媒体平台，开展“壮族三月三 · 相约游广西”系列线上宣传推广活动。比如，开展“三姐带你游广西”直播活动，通过邀请知名网红、旅游达人在抖音、微博以及央视影音、央视网、人民旅游等平台，对全区 14 个市共组织了 31 场跨时空的云游广西。同时，在云上举办了“金色舞台”和“畅享民歌”两大展播，“非遗风采”“舌尖美食”“指尖技艺”三

**壮族三月三，全国百名主持人赶歌圩咯！**

动听968
04-15 09:04
+关注

4月14日，一年一度的“壮族三月三 八桂嘉年华”如期到来，2021年“壮族三月三全国百名主持人赶歌圩”大型融媒体采访活动走进中国壮乡武鸣。本次大型融媒体采访以“感党恩 跟党走”为主题，邀请中央广播电视总台及全国各省（自治区、直辖市）广播电视台、网络媒体近百名主持人、记者参加丰富多彩的壮族三月三活动，深入采访报道壮乡武鸣保护传承壮族传统文化、产业发展助力乡村振兴等亮点，以媒体融合传播为主导，形成全国联动，多屏互动，助力武鸣“壮族三月三”文化品牌深度推广。

大展示，拉起了“抖音”线上歌圩，开办了“多彩印记”展馆线上游等七大文化活动，通过“云游”“云听”“云看”“云参与”等形式，在“云端”展示广西各地各民族的多彩文化，并通过 Facebook 等境外媒体平台，向境外游客展示不一样的壮乡，尽显“秀甲天下，壮美广西”的独特魅力。

## （四）聘请旅游推广大使，借力提升品牌知名度

聘请广西籍演员王鸥、著名粤剧表演艺术家欧凯明担任广西文化旅游形象大使，广西籍各行业名人担任广西文化旅游推广大使，共同助力广西文化旅游品牌推广。广西文化旅游形象大使王鸥连续两年在“三月三”期间通过微博平台发布“壮族三月三·相约游广西”宣传片，累计获得169.8万次的播放和6.1万次点赞。明星的助力，让“壮族三月三·相约游广西”一时成为网络的热搜话题，不仅增加了“三月三”文旅IP的曝光率和知名度，同时也给“三月三”注入浓浓的乡土情怀。

## （五）创新推介内容和手段，吸引全民参与传播

邀请广西原创歌手创作广西文化旅游宣传推广歌曲《等你来》及手势舞，引发全民参与，形成了良好的互动和宣传效应。拍摄制作“壮族三月三·相约游广西”主题宣传视频，发起“三姐邀你来嗨歌”话题挑战赛，开展“相约游广西——最想去的地方”线上投票等近10项线上活动，以创新的手法和形式充分展示了广西独特的风土人情、旅游资源和民族文化魅力。同时，设计系列相关话题，引发网友的广泛参与和讨论，增强了活动的互动性和吸引力，实现了网民自主裂变式传播。

## 三、宣传推广成效

### （一）品牌得到强化，效益得以凸显

通过持续的宣传推广，“壮族三月三”文旅大 IP 品牌的市场知名度和影响力快速提升，既普及了广西壮族“三月三”的认知度，弘扬了民族传统文化，也为“三月三”增加了一大批粉丝。游客纷至沓来，广西文化旅游实现快速发展，取得了较好的经济效益和社会效益。

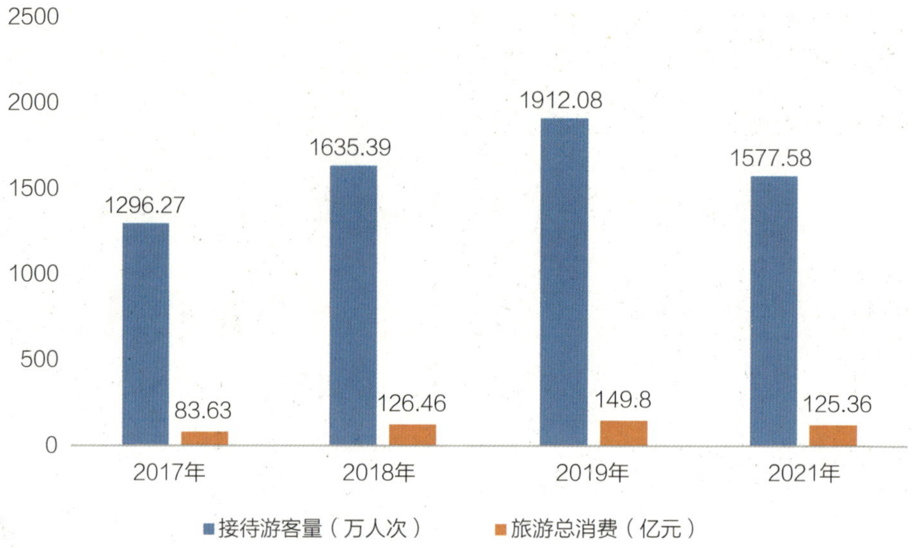


图　2017—2021 年“壮族三月三”假日旅游数据
（注：2020 年因疫情未开展线下活动）

如图所示，据统计，2021 年在疫情防控常态化背景下，广西“壮族三月三”假期恢复，“壮族三月三 · 八桂嘉年华”文化旅游消费品牌活动热火朝天，各大景区游人如织。4 月 14—17 日“壮族三月三”假期期间，广西共接待游客 1577.58 万人次，实现旅游消费 125.36 亿元；游客接待量比 2019 年同期增长 3.1%，实现旅游消费比 2019 年同期增长 4.6%。紧跟着“三月三”的宣传节奏，2021 年“五一”长假期间，广西共接待游客 2229.09 万人次，同比增长 198.2%（比 2019 年同期同口径增长 18.2%），实现旅游消费 182.91 亿元，同比增长 261.6%（比 2019 年同期同口径增长 29.2%）。“壮族三月三”的品牌效应在“三月三”和“五一”期间得到凸显和释放。

## （二）促进文旅融合，助推全域升级

每年“三月三”期间，全区各市设计和发布多条特色文化旅游线路，将民俗活动、文化场馆、文创产品、非遗产品等与旅游线路、旅游商品有机结合，丰富节日文化旅游市场产品。各市文化旅游部门也积极与农业、林业、民族、商务、体育、农垦、航空等部门合作开展特色文旅活动，有效加深了文旅融合，推动了广西各地市的全域旅游全面升级。据统计，2020 年广西“壮族三月三”的各类话题、推文的阅读量、讨论量、推送量、开机曝光量、视频播放量累计达到 2.3 亿次，中央主要新闻媒体共刊播各类报道 166 篇。“壮族三月三”文旅 IP 品牌形象已从宣传口号转变为国内外越来越多游客的共识，广西文化旅游品牌影响力和美誉度得到不断提升。

## （三）繁荣民族文化，助力旅游复苏

相关政策的出台，保障了每年“壮族三月三·相约游广西”系列活动的顺利开展。“走出去”与“引进来”相结合，将“壮族三月三”的品牌影响力辐射到国内外。科技赋能、多元协同、整合推动的创新营销举措，使“壮族三月三”广泛传播、深入人心。这些推介实践，加深了各地群众特别是广西人民对“壮族三月

三”传统节日文化的了解，弘扬了民族传统文化，促进了文化认同与民族团结。同时，随着一系列促进文化旅游消费举措的实施和市场宣传推广力度的加强，“壮族三月三”文旅品牌的影响力不断扩大，吸引了越来越多的游客到广西体验“壮族三月三”，在疫情后助力了广西文化旅游市场的快速复苏，有力带动了民族地区经济的快速发展。

## 专家点评

节事营销是旅游营销的重要方式，节事体验是旅游体验的重要内容。该活动将“三月三”这一壮族的传统节日与文化旅游有机结合，通过高位推动、多元协同、创意传播，创新地打造出了一个具有唯一性、权威性和排他性的超级文化旅游 IP，塑造了广西旅游的独特魅力，并为后续 IP 的产业化和生态化运作奠定了基石。特别是活动方积极应对疫情冲击，推动科技赋能，创新文化旅游推广方式，让活动在线上“开花”，持续提升了品牌的知名度和影响力。该案例对广大民族地区文旅融合的创新发展具有重要的借鉴意义。

# 南宁市“老友南宁”旅游品牌整体形象宣传推广

——广西壮族自治区南宁市文化广电和旅游局

为打造富有本土特色的城市文化旅游名片，讲好南宁故事，提升城市旅游品牌整体形象的知名度和影响力，2020 年南宁市通过政府采购方式委托第三方开展南宁旅游品牌整体形象提升策划及推广。

通过面向社会广泛征集口号、扎实开展实地调查、组建专家团队策划，南宁市对城市旅游品牌内涵解读、创意设计、推广方式、应用管理等方面进行了系统策

划，形成了“老友南宁”旅游品牌整体形象宣传口号。该策划成果内涵挖掘到位，品牌策划和创意设计实现了创新突破，推广计划可行，应用管理较科学，具有很好的创意性和可操作性。

在应用上，自2021年2月起，南宁市通过文旅IP发布会、线上全网话题营销、高铁冠名、全城硬广铺排和主题文旅创意市集等方式开展了一系列宣传推广活动，并取得了良好成效。

## 一、“老友南宁”旅游品牌整体形象宣传口号创意说明

### （一）“老友”一词具备悠久历史渊源及丰富的文化内涵

“老友”形容相交多年、情感深厚的朋友。出自《宋史·儒林传四·蔡元定》：“〔元定〕闻朱熹名，往师之。熹叩其学，大惊曰：‘此吾老友也，不当在弟子之列。’”“老友”自古就是用以形容深刻友情的词语，具有雅正通达之感。“老友”还充分体现了“有朋自远方来，不亦乐乎”的儒家传统思想。

### （二）“老友南宁”彰显了南宁独特的地域文化特色

（1）从南宁的文物遗产来看，引发南宁人乡愁的双孖井，井口相连，寓意兄弟情深；新会书院、两湖会馆、安徽会馆、粤东会馆、五属会馆、商会礼堂等文物建

筑都是老友聚会的地方，充分蕴含了老友文化元素；南宁的老挝六七学校旧址、育才学校旧址是南宁乃至中国与老挝、越南友好邦交的见证，“老友南宁”体现了南宁文明友好的区域性国际城市人文环境。

（2）从南宁的非物质文化遗产来看，南宁“那”文化中的丰收节、会客节、农具节、抢花炮以及三月三歌圩、嘹啰山歌、龙母文化等南宁本土非遗文化都体现了老友文化元素。

（3）从语言习惯来看，“老友”是南宁独特的地方俚语，是南宁人对老朋友、好朋友的特色尊称，意为相识多年的好朋友。“友仔（zǎi）”“友女”是南宁特有的俚语，意为男性或女性的要好朋友。

（4）从南宁的饮食习惯来看，从贝丘文化中的吃田螺到今天南宁市民的撩螺、老友面（粉）、老友粉虫都体现了南宁独有的“老友味道”。据传在清朝年间，邕城周记茶馆的老板用牛肉末、酸笋、豆豉、胡椒粉、香蒜末等食材为患伤风感冒的老翁好友精心制作的面条，为其赢得了“老友常来”的牌匾，这就是“老友面”的由来。由此，“老友”一词通过味觉与这座城市形成了深刻关联，成为南宁人心目中独特的文化印象，传递了南宁这座城市人与人之间以诚相待、友好待人的传统美德。

### （三）“老友南宁”充分体现了南宁城市精神及发展风貌

（1）“老友南宁”体现了南宁“能帮就帮、敢做善成”的城市精神，也充分展现了南宁市民亲切、热情、好客、包容、友好互助的“老友”精神。

（2）“老友南宁”体现了“中国绿城”的生态友好，充分展现了近年来南宁市自觉践行习近平总书记生态文明思想，坚持“治水、建城、为民”的城市工作主线，持续推动绿城品质升级，把好山好水好风光融入城市、惠及民众。

（3）“老友南宁”体现了南宁市友好开放的使命担当。南宁作为面向东盟开放合作的前沿城市、中国—东盟博览会、中国—东盟商务与投资峰会永久举办地，两次荣获“国际友好城市交流合作奖”。“老友南宁”充分展现了南宁开放和包容的发展格局、文明友好的区域性国际城市人文环境。

## （四）“老友南宁”具有较强的传播推广优势

“老友南宁”作为南宁旅游整体形象宣传口号，大俗大雅，且“老友南宁”是其他城市旅游宣传口号中没有运用过的，也是其他城市都拿不走的城市标签，是源自本土的独特性文化提炼，具有浓郁的地域文化特征，体现了南宁所独有的人文情怀，从而延伸出更深层次的体验感和更广阔的宣传推广空间。“老友南宁”作为南宁城市文旅品牌口号，简洁易记，朗朗上口，在传播上可达到受众闻口号、见标识即知南宁旅游的良好效果。

## 二、“老友南宁”旅游品牌整体形象宣传口号 VI 设计

### （一）“老友南宁”旅游形象宣传口号的英文翻译

“老友南宁”的英文翻译为“Friendly Nanning”，准确传达南宁独特的城市文化属性：亲切、熟悉、热情、有爱、好客、包容、开放等意义。同时，该英文口号简洁、辨识度高、朗朗上口，能够很好地在国际化的市场环境中传播开来。

### （二）“老友南宁”旅游形象品牌标识

“老友南宁”文旅品牌形象标识整体图形由“老友南宁”的字体抽象化设计而成，点、线、面抽象地涵盖了南宁这座城市的气息，同时在颜色上运用大胆但不失沉稳的中性色调，显得整体设计更富稳重。

### （三）“老友南宁”旅游形象品牌推广标志

“老友南宁”文旅品牌形象推广标志来源于南宁邕江水系与“老友南宁”组合造型，以水墨的方式表达，极具中国韵味，并将南宁国际会展中心、青秀山、市花朱瑾花等地标元素进行融合，辅以英文口号“FRIENDLY NANNING”，组合成传统与现代结合的整体传播图形，在体现南宁历史文化底蕴的同时，展示了南宁这座城市未来可期的亲和力和张力。

## （四）“老友南宁”旅游形象品牌宣传品制作

### 1. 制作“老友南宁”宣传片

以“老友南宁”为主题分别摄制 3 分钟、30 秒、15 秒南宁旅游品牌整体形象高清宣传片各 1 部，并摄制《我在南宁挺好的》短视频，从“老友南宁”角度，记录留邕过年人民心声。

### 2. 制作“老友南宁”主题曲

通过脍炙人口的曲调阐释老友南宁 IP 文旅象征。

### 3. 印制“老友南宁”宣传品

包括1万份画册、5万份折页、6联版宣传海报，提取南宁最具代表的图片符号，全面、精练地呈现南宁的自然环境、人文历史和文旅产业发展风貌，展示南宁深厚的历史底蕴和丰厚的文化积淀。

### 4. 开发“老友南宁”文创品

设计制作了“老友南宁”主题环保布袋、明信片、T恤、U盘等文创品。

## 三、“老友南宁”旅游形象品牌营销推广实施

### （一）推出“我为老友南宁代言”

邀请内地当红女演员王鸥及一批行业精英、网络意见领袖、旅游达人、市民、游客，作为南宁的旅游推广大使，通过他们的知名度、影响力和号召力，推介“老友南宁”。

### （二）进行跨界推广

以南宁旅游 × 综艺影视方式进行跨界推广，与湖南卫视《向往的生活》、浙江

卫视《青春环游记》等节目进行合作，结合南宁旅游地标、文化特色等各方面进行宣传推广。

## （三）举办文旅 IP 发布会

2021 年 2 月 8 ~ 21 日，在南宁万象城举办“老友南宁”旅游品牌整体形象 IP 发布会，搭建占地 260 平方米的“老友南宁”大型特装展，以特色文旅市集、演艺、图片展相结合的方式，正式向公众发布新版南宁旅游形象宣传口号。特装展以“老友南宁”为主题，通过“友景”“友味”“友风情”三大板块及“友声音”“友情义”“友话说”三个创意互动区立体化呈现“老友南宁”主题形象及内涵。

## （四）开展线上话题营销

自 2021 年 2 月 7 日起，在官方微博发起了 # 老友南宁 #+# 我在南宁挺好的 # 话题，并在百度、腾讯及全国 100 多家媒体开展同步宣传，并联动了 @ 广西消防、@ 南宁消防、@ 南宁交警等政务微博矩阵。该话题吸引了近百名网络大咖参与，“留邕过年”“老友南宁 ”成为热点话题，2 月 16—17 日，该话题荣登微博热搜榜，全网阅读量累计超 1 亿次。

## （五）投放高铁列车冠名及全城广告

2021 年 2 ~ 4 月期，在南宁机场、火车东站、市区核心圈层 60 个公交车站台媒体广告画面投放“老友南宁”主题系列海报宣传。

2021 年 5 月至 2022 年 5 月，在 1 列南宁—广州、1 列南宁—成都高铁列车投放“老友南宁”冠名专列广告。

## （六）举办文旅主题市集

2021 年 3 ~ 10 月，在三街两巷历史文化街区、百益上河城等文化街区举办 3 场以“老友南宁”为主题的假日、夜间文旅市集，集中展示南宁本土文化与创意结合的文化、美食、旅游、艺术等各类商品，丰富“老友南宁”品牌的内容承载，

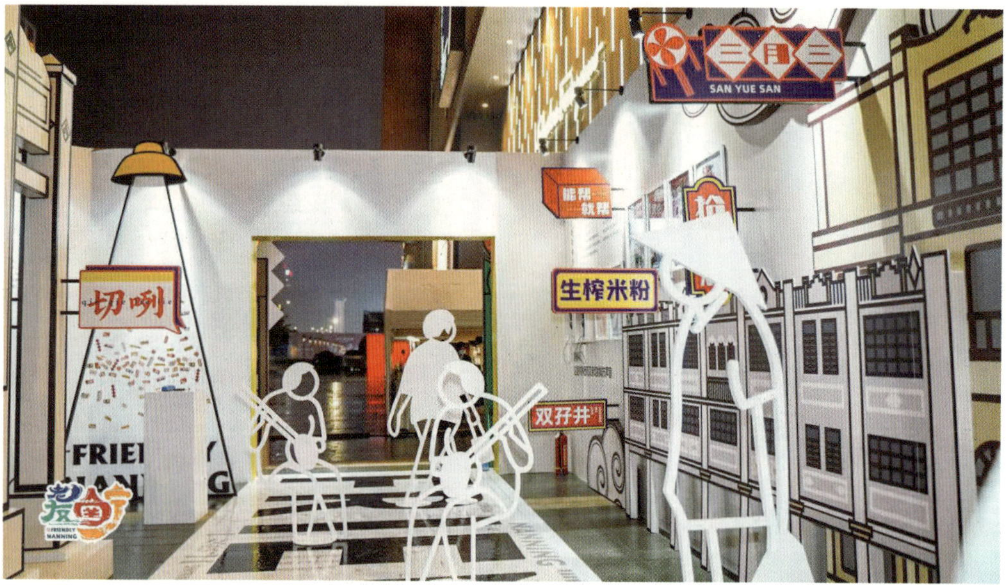


深入强化市民和游客对“老友南宁”品牌的认知度，进一步提升了南宁的文旅品牌形象。

### （七）在央视开展品牌推广

自 2021 年 7 月起，在央视 CCTV-1、CCTV-新闻、CCTV-4、CCTV-9 等频道相关栏目播出“老友南宁”旅游品牌整体形象广告。

**专家点评**

文化是一个城市的灵魂，也是一个城市旅游品牌设计与传播的创意源泉和逻辑起点。在“老友南宁”旅游品牌整体形象宣传推广案例中，南宁市深入挖掘城市文化内涵与精神，提出了“老友”这一具有悠久历史渊源和地域文化特色的关键词汇，牢牢抓住了旅游营销宣传的“魂”。然后通过高规格、高频次、系统化的宣传推广活动，逐渐形成了“老友南宁”的品牌影响力。该案例是我国城市旅游品牌和超级符号构建中的创新探索，其做法和经验值得其他城市参考借鉴。

# “三亚·新青年奇趣岛”主题宣传推广活动

——海南省三亚市旅游推广局

## 一、案例背景

为更好地解决三亚旅游市场主题老化、内容空洞、游客复购率低等问题，进一步吸引并留住出境消费回流客群，三亚市旅游推广局通过对三亚游客客群的画像分析，针对“80后”“90后”“Z世代”等主要目标客群，精心策划并发布了全新“三亚·新青年奇趣岛”推广主题，针对不同旅行玩法、领域打造涵盖高品质内容且与客群适配度更高的推广主题，从价值导向、生活方式、旅行玩法等维度推动三亚旅游目的地形象提档升级。同时，鉴于青年客群是疫后旅游恢复和消费拉动的主力

军，三亚市旅游推广局通过对“三亚·新青年奇趣岛”推广主题的打造，整合三亚市大型活动及推广资源，辐射三亚多元旅行特色体验，挖掘三亚旅游精品线路及资源优势，重新建立三亚在青年游客认知中的全新印象。

“三亚·新青年奇趣岛”涵盖“章鱼青年”“海豹青年”“松鼠青年”“鲨鱼青年”“考拉青年”五类人物设定，分别对应美食、旅拍、人文、户外极限、酒店住宿五类兴趣玩法。三亚市旅游推广局还进一步为五类青年策划设计了旅行态度描述和朗朗上口的个性口号，以进一步扩大主题的传播力，激发在年轻客群中的共鸣。

## 二、品牌释义

### （一）品牌主视觉画面设计及宣传语

1. 主视觉画面设计（图1）

2. 宣传语：新青年奇趣岛，常趣常新。

（图1）

### （二）五大青年设计

#### 1. 章鱼青年（“剁手玩家”）（图2）

口号：什么是当地必尝必Buy？就是要逛吃拔草，旅途才过瘾！

旅行态度：以逛、吃、买为本命，为邂逅美食与好物疯狂剁手，获取旅行最大满足。

旅行特征：热衷三亚美食和购物体验，逛、吃、买就是人生最爱，左手清补凉，右手免税店，开启剁手模式，八只都不够！

（图2）

### 2. 海豹青年（“抢镜怪兽”）（图 3）

口号：什么是镜头感？就是要走进风景里，怎么拍都带感！

旅行态度：崇尚视觉主义，极具时尚嗅觉，捕捉镜头，征服镜头。

旅行特征：热衷三亚旅拍体验，镜头感十足，喜欢通过旅拍记录自己的旅途与生活，在海岛就能解锁 360° 旅拍姿势。

### 3. 松鼠青年（“知识自由”）（图 4）

口号：怎样才能博闻强识？就是要知行合一，才能过目不忘！

旅行态度：喜欢漫步观察世界，渴望获取无穷尽的知识，追求精神富足。

旅行特征：热衷三亚人文探索，在奇趣人文景观漫步，囤积无穷无尽的知识宝藏，开启三亚慢游新姿势。

（图 3）

（图 4）

### 4. 鲨鱼青年（“极致探索”）（图 5）

口号：如何获得极致自由？就是要乘风破浪，打破局限的自我！

旅行态度：热爱自由与挑战，愿为追求人无我有的特殊技能而乘风破浪。

旅行特征：热衷三亚户外极限探索，一人三亚乘风破浪，潜水、冲浪、帆船和皮划艇一样都不能少。

### 5. 考拉青年（“灵感睡客”）（图 6）

口号：如何疗愈疲惫身心？就是要躺赢全程，在慵懒中找回灵感！

（图5）

（图6）

旅行态度：拒绝走马观花，热衷通过住宿空间与当地建立联系，对旅行舒适度有较高要求。

旅行特征：擅长发现美好住宿，热衷从奢躺中发现灵感，并沉浸在其中获取极致的舒适体验。

## 三、主题营销推广活动

### （一）线下营销推广

#### 1.“三亚·新青年奇趣岛”推广主题发布会

2020年12月1日，由三亚市旅游推广局主办的“三亚·新青年奇趣岛”推广主题发布会在三亚召开，活动紧紧围绕“三亚·新青年奇趣岛”主题，从美食、旅拍、人文、户外极限、酒店等板块为参会嘉宾提供了多样化主题体验，获得了业界的一致好评。

#### 2.“三亚·新青年奇趣岛”主题旅游推介活动

自“三亚·新青年奇趣岛”主题发布以来，三亚市旅游推广局趁热打铁，旋即于2020年12月于杭州、南京等主要客源城市举办旅业推介活动，以五类青年为切入点，充分展示了三亚尤其是自贸港新政实施以来丰富的旅游资源与朝气蓬勃的旅游市场。

2021年，市旅游推广局继续沿相关推广主题，结合“淡季不淡”“五一”小长

假、暑期等在广州、深圳、佛山、重庆、武汉、长沙、成都等地举办旅业推介会及公众推介活动，进一步挖掘五类青年旅游资源，并通过举办“三亚·新青年奇趣岛任意门”“三亚·新青年奇趣岛环岛之旅”等公众体验活动，进一步扩大推广主题影响力，增进参与观众的代入感和体验感。

三亚市旅游推广局还携手海南航空，共同推出“三亚·新青年奇趣岛”号主题包机并举办了机上互动抽奖活动，活动被多家媒体报道转载，获得了出色的二次传播效应。

"三亚 × 和平精英"活动现场

### 3."三亚·新青年奇趣岛"×《和平精英》两周年庆起飞狂欢节

为进一步丰富推广主题游玩内涵，三亚市旅游推广局以"'三亚·新青年奇趣岛'之起飞新青年"为主题，依托电竞游戏"粉丝文化"，将风靡海内外的游戏《和平精英》引入三亚，打造文旅与游戏的融合，布局年轻旅游消费场景，力求通过多元融合发展，为三亚塑造更具年轻态的国际化旅游城市形象，为三亚塑造新形象及新看点。

## （二）"三亚·新青年奇趣岛"线上营销推广

### 1. 线上活动策划与举办

三亚市旅游推广局围绕"三亚·新青年奇趣岛"推广主题积极谋划并举办了系列线上活动，包括 2020 穷游网 TOP50 年度旅行者大会、"三亚·新青年奇趣岛"携程旅拍话题比赛、"三亚·新青年奇趣岛"新浪微博话题活动等，通过大众化、年轻化的营销手段，借助穷游网、携程、新浪微博等年轻用户占比较大的网络平台举办系列活动，借助平台的专业生产内容（PGC）、知名博主的用户原创内容（UGC）等对聚焦"三亚·新青年奇趣岛"，以青年游客喜闻乐见的方式进行线上宣传，相关宣传内容直接触达目标客群，取得了极佳的宣传效果。

### 2. 线上资源内容搭建

三亚市旅游推广局还通过“三亚·新青年奇趣岛”宣传视频拍摄、“三亚·新青年奇趣岛”探夜俱乐部微信小程序搭建、穷游旅行锦囊路书编写等对“三亚·新青年奇趣岛”推广主题进行再包装，充实推广主题内容，丰富推广主题内涵，深受业界及游客的喜爱。

## 四、推广成效

### （一）新浪微博推广成效

“三亚·新青年奇趣岛”项目在新浪微博上建立话题——“三亚·新青年奇趣岛”，阅读量突破1亿，约3万人次参与话题讨论；图文阅读总量5160多万次，博文互动近1.1亿次，发布原创视频9条，视频总播放量1150多万次。

### （二）“三亚·新青年奇趣岛”主题推介活动成效

“三亚·新青年奇趣岛”推广主题发布会当日18家岛内媒体进行了主题新闻发布及相关现场采访，总计曝光量为20万；线下媒体于全国重点城市重点商区户外大屏幕进行“三亚·新青年奇趣岛”推广主题宣传片投放；在发布会当月进行岛内外广播循环投放宣传推广主题；于2020年年底进行灯光秀，“奇趣三亚”主题字样于全国多省市主要建筑进行灯光秀，曝光量达千万人次。

以推广促进产品服务提档升级，通过此推广主题引领三亚市各景区及酒店将相关旅游资源及产品进行“三亚·新青年奇趣岛”推广主题包装及产品优化，并通过线上话题互动等方式合力打造更符合年轻客源群体市场喜好的主题产品。

2020年及2021年“三亚·新青年奇趣岛”旅业推介会及公众推介活动发布新闻通稿共百余篇，城市推介活动媒体报道总量300余条，报道被多家媒体收录发表，“三亚·新青年奇趣岛”旅业推介会及公众推介活动新闻内容累计曝光量达上亿次，直播总观众人数20万人次，线下活动覆盖深圳、佛山、广州及重庆旅游从业者、媒体及市民。

## （三）线上推广成效

### 1. 穷游网平台推广

穷游网官方微博“三亚·新青年奇趣岛”相关话题发布，总计阅读量达343万余次；TOP50旅行达人微博三亚旅游内容产出，总计阅读量4490万余次；推广主题发布会及TOP50年度旅行者大会直播观看量总计达611万余次。穷游网官方微信公众号、资讯站发布“三亚·新青年奇趣岛”相关话题内容，阅读曝光量达151万次；穷游网App推广点位、开机屏、专题页面、达人图文、视频分享内容总计话题内容曝光量达9081万次。穷游旅行达人自媒体平台进行“三亚·新青年奇趣岛”话题及三亚旅游图文、视频内容发布，总曝光量达2026万次。

### 2.“三亚·新青年奇趣岛”×《和平精英》推广成效

“‘三亚·新青年奇趣岛’之起飞新青年”暨《和平精英》2周年庆累计微博话题讨论量4675.9万次，讨论1.2万；网媒发布139频次；新媒体发布139频次；线下传播地点24处；游戏站内资源12频次。通过本次活动，打造文旅与游戏IP融合活动，创新性引入国内顶级游戏IP，提前布局三亚年轻旅游消费场景，力求通过多元融合发展，为三亚塑造更具年轻态的国际化旅游城市形象。构建起属于年轻群体的旅游消费场景，为三亚塑造新形象及新看点。

## 专家点评

“三亚·新青年奇趣岛”涵盖“章鱼青年”“海豹青年”“松鼠青年”“鲨鱼青年”“考拉青年”5类人物设定，分别对应美食、旅拍、人文、户外极限、酒店住宿5类兴趣玩法，为五类青年策划设计了旅行态度描述和朗朗上口的个性口号。同时，为进一步丰富推广主题游玩内涵，“三亚·新青年奇趣岛”依托电竞的“粉丝”文化，将风靡海内外的电竞游戏《和平精英》引入三亚，打造文旅与电竞的融合，布局年轻旅游消费场景，力求通过多元融合发展，为三亚塑造更具年轻态的国际化旅游城市形象，为三亚塑造新形象及新看点。

# "晒旅游精品　晒文创产品"大型文旅推介活动

——重庆市委宣传部、重庆市网信办、
重庆市文化和旅游发展委员会

## 一、案例介绍

为深入贯彻落实中央关于统筹推进疫情防控和经济社会发展的工作要求，按照重庆市委、市政府安排部署，在延续 2019 年"双晒"活动成功经验的基础上，重庆市委宣传部会同市委网信办、市文化和旅游委创新推出全市区县"晒旅游精品·晒文创产品"大型文旅推介活动（以下简称"双晒"第二季）。活动自 2020 年 6 月 11 日启动，每周二、周四推介 1 个区县，得到社会广泛关注和群众普遍

认同，全媒体传播受众达 34 亿人次，为常态化疫情防控条件下城市文旅推介机制打样，有效带动文旅产业回暖复苏。高标准设计，创新打造“双晒”第二季产品。

**高质量出品。**“双晒”第二季深化第一季影响，全面升级内容挖掘、作品打造、活动营销。统筹策划 5 个作品，其中《重庆日报》通版栏目“区县文旅精品荟”、重庆卫视“区长县长晒精品”8 分钟专题节目和“文旅精品 90 秒”短视频既延续了去年“双晒”的成功经验，又在内容形式上进一步升华。创新推出“区长县长双晒直播”和“云上文旅馆”2 个项目，充分发挥新媒体传播效能，是实现数字文旅的有益探索。“双晒”直播组织 11 个直播平台同步推出，共吸引 6 亿网友在线观看，打造文旅直播推介的现象级作品；“云上文旅馆”集文旅宣传、惠民服务、实景体验、产品销售等于一体，综合运用 AR、VR、云端等新技术，真正实现一部手机“游”重庆，推介各区县文旅类资源 2000 多个，吸引 2700 万网友关注。

**全媒介推广。**本次“双晒”第二季坚持全媒体、全平台、全渠道的全方位、立体式宣传推广，11 个直播平台同步直播，16 家推广企业全方位推介宣传，70 多家

中央、省市媒体参与宣传，数百个自媒体大 V、公众号等参与推广，充分挖掘新闻媒体、网络媒体、社会媒体、海外宣传平台、自媒体等各类媒体资源和宣传载体，从报纸、电视、广播、网络、移动端，到微信、微博、推特、脸书，到户外大屏、车载电视、公益海报，再到直播、短视频甚至拓展到航空、保险、电子支付等领域，打造全媒体、全平台、全渠道的传播矩阵。既有统一的作品发布宣传引导，又鼓励媒体原创、二次创作，推出衍生新媒体作品上万件，极大地丰富了宣传内容和宣传形式，实现了文旅宣传营销的全面发力。

## 二、活动内容和创新点

### （一）创新型组织

坚持政府引导与市场运作相结合，市级宣传、网信、文化和旅游部门联合搭台，41 个区县（含两江新区、高新区、万盛经开区）轮流登台“唱戏”，重庆日报报业集团、重庆广电集团（总台）、华龙网集团、重庆旅游集团等媒体单位和文旅

8-9
区县文旅精品荟
城口篇
“晒旅游精品·晒文创产品”
大型文旅推介活动
巴山原乡　生态城口
精品线路推荐
人文休闲之旅
感知城口文脉
原乡体验之旅
重拾乡愁记忆
生态康养之旅
放牧疲惫身心
文创产品推荐

企业全力支持，腾讯、百度、抖音、淘宝、新浪、网易、“去哪儿”等主流商业平台成为战略伙伴全程推介。活动落实常态化疫情防控要求，采取线上线下相结合、以线上为主的运作方式，不仅以精彩丰富的作品展示城市形象，更有质优价廉的文旅产品供市民选购，体现了文化性、服务性、普惠性与社会化、市场化、智能化相结合。

## （二）全方位营销，深度助力文旅产业复苏

### 1. 网络媒体积极参与，叫响“双晒”品牌

统筹中央、市属、区县、商业四级网络媒体，在 PC 端首页要闻区，客户端首屏及微博、微信、抖音等账号，持续突出推送“双晒”各类作品及相关报道，已累计刊发、转载稿件 2.8 万篇次，总点击量 12.2 亿人次。开设新浪微博、抖音话题，阅读量超 1.5 亿次。协调市内重点自媒体、大 V 积极开展二次创作传播，组织基层干部“进圈入群”精准推送和引导，有效提升了“双晒”网上宣传覆盖面和到达率。

### 2. 构建线上长效推介平台，持续营销文旅精品

“双晒”第二季启动后，各网络媒体和直播平台持续引流，为打造线上长效推介平台积累热度。41个区县（含两江新区、高新区、万盛经开区）“云上文旅馆”吸引网友关注5亿人次，累计上亿点赞，沉淀会员超400万人，开展各类惠民宣传和消费活动上千场，推介文旅精品2000多件，全市文旅网上推介服务平台初现雏形。利用淘宝、抖音、飞猪等网络销售平台协同打造“重庆文化旅游精品馆”，集纳“双晒”文旅精品1800多款，吸引40万网友进店消费，收获粉丝20多万，直接销售2100万元，并在区县直播活动后持续开展直播推介活动，为区县文旅商家提供了持续稳定的电商销售平台。

**打卡“双晒”热点，拉动旅游消费。**各区县依托“双晒”第二季挖掘本地旅游资源特色，推出特色旅游线路近200余条，推出系列主题活动以及门票优惠措施，推荐各类自驾游、夕阳红体验游、研学游等特色旅游项目。开州区“千车万人游开州”活动，首期即吸引500多名川渝游客体验区长推介线路；铜梁区中华龙灯艺术节、中国西部动漫文化节持续保持“双晒”热度，吸引100余万人次来铜“打卡”，拉动消费超5亿元；巴南区“巴巴虎”文旅IP形象推出开售即空。北碚三溪口豆腐鱼特色美食街重新亮相，“区长喊你来三溪口吃豆腐鱼”火爆全网，各食店营业额提升了约40%。

**品牌辐射全国，“重庆热”回归**。通过“双晒”第二季活动，各区县精彩作品在各大媒体平台亮相，吸引5.4亿人次观看、点赞。“重庆双晒”“重庆旅游”频上头条关注、微博热搜；美图研究院“2020年热门旅游目的地城市”中重庆排名第一；高德“全国十大夜游城市”、抖音“中国最热门旅游城市排行榜”中重庆位列第二。此外，重庆还进入“去哪儿”网2020年国庆黄金周全国热门目的地城市TOP5、飞猪数据“国庆全国热门目的地top城市”第6位、携程旅游大数据“疫情后旅游热门目的地”前10名。

## 专家点评

重庆市近年来在国内旅游市场上表现出强大的吸引力，成为众多旅游者首选的目的地城市之一，重庆市本身独具特色的旅游资源功不可没，同时花样不断翻新的旅游营销宣传在制造热点，吸引市场注意，传播旅游相关信息方面发挥了巨大的作用。重庆市的“双晒”活动是众多旅游营销活动中比较突出的一项，表现出目的地营销主体有策划有督导的运作特色，更是将近年来流行的网络营销方式运用得得心应手。旅游目的地的营销，需要行政管理部门统一策划和协调，也需要以新的信息传播手段吸引更多消费者的注意，充分开展信息传播，刺激旅游需求的产生，在这两个方面，重庆市的“双晒”表现优秀。

# 云南——红河元阳“阿者科计划”
## 助力旅游扶贫　促进乡村振兴

——云南省红河哈尼族彝族自治州文化和旅游局

2016年以来，红河州元阳县阿者科村围绕中央、省、州党委政府提出的旅游产业扶贫战略部署，深入学习贯彻习近平总书记考察云南重要讲话精神，坚定不移践行新发展理念，以生态文明建设引领红河高质量、跨越式发展为导向，依托世界文化遗产红河哈尼梯田景区和哈尼传统村落风貌、独特民族文化资源，创新乡村旅游经济合作扶贫开发模式，与中山大学合作实施元阳县阿者科计划，挖掘和开发乡村生态休闲旅游资源，将传统村落保护利用与全域旅游工作紧密结合，大力发展乡村旅游，探索出一条符合元阳传统村落保护利用的旅游扶贫新路子，实现了民族文化传承与乡村旅游发展“双推进”。

## 一、基本情况

阿者科村，位于云南省红河哈尼族彝族自治州元阳县红河哈尼梯田世界文化景观遗产核心保护区内，至今已有210年历史，因其保存完好的四素同构生态系统（森林、村庄、梯田、水系）、独特的哈尼传统民居聚落空间景观和悠久的哈尼传统文化底蕴，成为第三批国家级传统村落及红河哈尼梯田申遗的五个重点村寨之一。全村共有65户479人，相对封闭的交通区位、传统低效的稻作农业方式、低层次的文化教育水平、保护与发展间的矛盾制约着村庄经济发展，属于贫困型传统村落。

为了改变阿者科村的落后现状，加快阿者科村脱贫步伐，依托该村文化旅游资源，编制了阿者科村旅游开发规划，整合各方资金，投资3900万元，实施了村寨旅游服务配套设施、房屋风貌改造、环境美化等建设，创新村寨内源式村集体企业主导开发模式，阿者科村的公共服务设施、旅游接待设施、旅游业态得到进一步完善，村寨旅游得到有序开发，富农惠农作用更加凸显，村寨群众生产生活条件得到逐步改善，村寨保护机制基本建立，村寨保护发展的综合能力逐步增强，助推了旅游扶贫攻坚目标任务实现，人均收入由2016年的2450元增加到2020年的5147元。

## 二、主要做法

### （一）上下齐心，共谋旅游开发

坚持“科学规划、适度开放、永续利用”的发展理念，合理规划，文旅融合，

分步实施，整体推进，争创精品旅游项目，全面优化和提升阿者科村旅游发展水平。2018 年 1 月，中山大学保继刚教授团队应元阳县委、县政府邀请，到元阳开展《元阳哈尼梯田旅游区发展战略研究》调研与规划工作，并为阿者科村单独编制《阿者科计划》，科学规划制定了阿者科乡村旅游目标：一是近期目标（2018—2020 年）：将阿者科原生态文化旅游村建设成为云南省民族文化旅游的标志性旅游村，全村基本实现旅游脱贫。二是中期目标（2021—2025 年）：将阿者科原生态文化旅游村建设成为中国著名的民族原生态文化旅游村，全村基本达到小康水平。三是远期目标（2026—2030 年）：将阿者科原生态文化旅游村建设成为世界知名的原生态文化旅游村，达到精品旅游村水平，全村基本实现旅游致富。

### （二）深入探索，建立长效合作

元阳县委、县政府与中山大学经过多方调研和探索，结合实际，形成了新的开发模式和合作机制，阿者科村实行内源式村集体企业主导的开发模式，组织村民成立旅游发展公司，公司组织村民整治村庄，经营旅游产业，村民对公司经营进行监管，公司收入归全村所有。公司通过良好的利益机制引导和调动村民参与旅游的积极性，强化遗产保护的责任意识。中山大学保继刚教授团队派出技术人员，协同指派的青年干部，共同驻村领导村民成立阿者科旅游公司。按照《阿者科计划》分红规则，乡村旅游发展所得收入三成归村集体旅游公司，用于公司日常运营，七成归村民。归村民的分红再分 4 部分执行，即传统民居保护分红 40%、梯田保护分红 30%、居住分红 20%、户籍分红 10%。通过传统民居保护分红、梯田保护分红、居

住分红、户籍分红“四三二一”分配结构的创新，有力保障了“四素同构”生态环境的原真性、完整性和可持续性，有效维系了传统习俗和生活生产方式的基因传承，为践行“绿水青山就是金山银山”理念打开了新的突破口。

## （三）建立机制，守住保护底线

为了保护千年古村落，留住心灵深处的乡愁，阿者科计划明确了阿者科村保护利用规则，全体村民始终坚守四条底线：一是不租、不售、不破坏。公司成立后不再允许村民出租、出售或者破坏传统民居，违者视为自动放弃公司分红权；二是不引进社会资本。公司不接受任何外来社会资本投入，孵育本地村民自主创业就业；三是不放任本村农户无序经营。公司对村内旅游经营业态实行总体规划与管理，严控商业化，力保村落原真性；四是不破坏传统。公司所有旅游产品开发均以传统村落保护为首要前提，恢复传统生产生活设施，主打预约式精品旅游接待，发展深度体验式旅游。

## （四）合理定位，开发产品体系

围绕赏田园风光、忆古村乡愁的思路，坚持文化、旅游融合发展的理念，将阿者科村定位为文化旅游、大众游客基地。规范阿者科哈尼民族体验之旅项目，科学开发游客深度定制游项目，实现旅游项目菜单式管理，游客根据需求“点餐”，使得阿者科村乡村旅游产品既有传统村寨观光，又有文旅活动，游客进入阿者科村，

既能欣赏壮美的梯田风光，又能亲身体验哈尼家庭的生产生活，从中品味哈尼族传统村寨原生态文化的原真，激发游客心灵深处乡愁的记忆，让游客真正享受到乡村旅游的快感。

### （五）精准宣传，营造良好氛围

围绕“留住乡愁”做文章，认真解读乡愁在乡村振兴中的重要功能，充分运用现代宣传理念和技术，通过新媒体平台宣传阿者科村乡村旅游，向游客展示千年古村落的纯真和宁静，宣传世世代代村民生产生活的久远记忆。截至目前，利用各种平台宣传报道阿者科计划共计 180 余篇（次）。其中，元阳电视台播出 16 条，中央、省、州级电视台采用 6 条。多媒体平台刊播 160 余篇（次），中央、省、州媒体采用 10 余篇（次），播放量达 1000 多万次，点赞量达 40 多万次。

## 三、取得成效

3 年来，阿者科计划取得了令人瞩目的成绩。阿者科村入选国家农业农村部“2019 年中国美丽休闲乡村”、国家民族事务委员会“中国少数民族特色村寨”、国家文化和旅游部“全国乡村旅游重点村”，2021 年 1 月 29 日《人民日报》（记者调查版）将阿者科村作为“绿水青山就是金山银山”的力证进行推介；阿者科计划作为中国旅游减贫案例，入选教育部第四届直属高校精准扶贫精准脱贫十大典型

项目；入选世界旅游联盟“全球百强旅游减贫案例”，并作为2020年唯一案例出席国际会议，向24国代表展示成果；被选入央视纪录片《告别贫困》；作为旅游扶贫案例被选入纪录片《中国减贫密码》，实践证明阿者科计划是将乡村振兴、传统村落保护、文旅融合发展、农耕技艺传承四位一体同步推进、协调发展的重要举措。

### （一）实现稳定增收，群众收入大幅增加

阿者科计划的实施，在阿者科哈尼民族体验之旅和游客深度定制游项目上取得了可喜成绩。从发展乡村旅游至今共接待游客3.34万人次，实现旅游收入70余万元，举行了3次旅游分红大会，户均分红达5440元。实践证明阿者科计划是成功的，阿者科乡村旅游实现了开门红，通过利益分红机制与村落保护细则的绑定，让村民实实在在享受到了乡村旅游带来的效益，实现全村脱贫致富。

### （二）人居环境显著提升

在发展乡村旅游之前，游客自由进出村寨留下大量白色垃圾无人清扫，村里卫生脏乱差。公司成立后雇用村民常规打扫，同时规范游客行为，村内卫生环境有了

很大的改观。此外，公司还顺利完成公厕改建、水渠疏通、房屋室内宜居化改造等工作，村内相比之前更加宜居，乡村旅游环境得到大幅提升。

### （三）传统村落得以保护

在发展乡村旅游之前，部分村民将传统民居出租给外地经营者，原住民搬出村寨，核心人文内涵丢失。发展乡村旅游后，规定不得将房屋出租，否则视为放弃公司分红权，传统民居及其人文内涵得以保留。此外，公司还复建了一系列传统生产工具与设施（如水碾房、织布机等），一方面满足村民日常生产生活需要，另一方面作为游客体验活动设施。公司通过将传统工具设施旅游产品化，实现传统技艺的传承与保护，传统焕发新生机。

### （四）旅游产品愈加丰富，游客体验更佳

发展乡村旅游前，村内基本没有旅游接待设施，游客到村仅能搞拍摄，难以更深度地体验哈尼文化。发展乡村旅游后，带动 3 家农家乐餐馆为游客提供餐饮服务，1 户经营起乡村小客栈，村内服务功能得到了完善。公司还开设了一系列主题性体验活动，主要包括农事体验、织染布艺体验、野菜采摘、哈尼家访等活动。公司对

外实行预约制，带动村民承接精品旅游团，在村内开展活动，深度体验哈尼村寨文化，游客的乡村旅游体验得到极大丰富。

## 专家点评

本案例的入选，首先是源于其在破解传统村落保护与发展难题、以旅游带动村落文化保护与经济发展中进行了有益探索，实现了古村旅游治理机制创新，充分彰显了“乡愁”在扶贫攻坚阶段乃至乡村振兴新时期的重要意义。在此之下，围绕“留住乡愁”的新理念、新机制、新产品定位开展精准传播，营造了良好的舆论氛围；充分运用了现代传播理念和技术，借助传统主流媒体与新媒体平台协同宣传阿者科村古村旅游的新模式，向特定群体展示千年古村落的纯真和宁静，传播留住村民生产生活的久远记忆这一点是较能打动人的。

# 西安大唐不夜城步行街旅游宣传推广案例

——陕西省西安市曲江新区管理委员会

## 一、案例概述

大唐不夜城步行街是在文旅融合大背景下，西安市在区域旅游品牌构建和目的地形象打造方面的创新尝试，是陕西省积极探索文化遗产、文旅演艺、文化精品、文化新经济与旅游深度融合发展的新路径，是全域文商旅融合发展的新样板，是首批“全国示范步行街”。

近年来，大唐不夜城步行街不断整合自身优势资源，以盛唐文化为背景，以唐风元素为主线，以体验消费为特征，目前已是集文化、节庆、购物、餐饮、娱乐、休闲、旅游、商务、科技、互联网＋于一体的夜间文旅消费聚集区和全国“网红”打卡地，并不断在街区策划、文商旅深度融合、区域联动、主题活动等方面进行突破，持续精进，创造惊喜。

## 二、项目背景

大唐不夜城商业步行街位于大雁塔脚下，地处国家级文化产业示范区西安曲江新区的核心区域。总占地 936 公顷，全长 2100 米，街宽 500 米。西安 3 号、4 号地铁直达街区，14 条公交线路和出租车停靠点覆盖全域，交通十分便利，区位优势明显。

大唐不夜城 2002 年启动建设，2009 年 9 月 28 日，一期建成开放。建设初期以文化和旅游为主，是西安文化旅游的一张名片。

经过多年的发展，周边开发建设不断完善，文商旅融合发展的特点日益明显。2018 年，成功入选全国 11 条商业步行街改造提升试点。

入选试点以来，按照商务部关于“中国特色、地方特点、国际水平”的总体要求，曲江新区对街区进行了全面提升。经过 77 天的提升改造，2019 年元旦前全新亮相。大悦城、银泰等龙头商业相继落户，街区的商业氛围日益浓厚，已经成为西安引领新消费的标志性区域。

2020年4月22日，习近平总书记考察街区复商复市情况时指出：“大唐不夜城步行街很有文化，气势非常宏伟，这样的街在全国是很少有的。”习近平总书记的考察和深情厚望，极大鼓舞了步行街，更坚定了步行街文商旅融合发展的信心。

## 三、创意推广策略

### （一）坚持和谐共生，突出文化和旅游特色，推动文化旅游的新势能转化为文商旅融合发展的新动能

充分发挥文化、旅游资源优势，深化文商旅融合发展。大唐不夜城步行街连续举办“西安年·最中国”、丝绸之路国际电影节等文化旅游活动，积攒了超高人气。高人气带动了商气同步攀升，街区周边聚集了银泰、海港城、大悦城等大型商业综合体，同盛祥、德发长、春发生等中华老字号，温德姆、威斯汀、盛美利亚等高品质酒店，商业消费高速增长，文商旅加速融合态势良好。

#### 1. 中国年IP深入人心

我们发挥街区的文化旅游优势，通过连续举办的“西安年·最中国”活动，把大唐不夜城打造成全国著名的网红街区和时尚国际新地标。

2019年春节，为期66天的2019“西安年·最中国”活动期间，大唐不夜城步行街共接待市民、游客近1700万人次，元宵节当日总客流量突破80万人次。中央

电视台累计报道132次,《人民日报》、新华网等央级媒体发稿714篇,“西安年·最中国”话题在抖音平台的播放量达4.1亿次。在“西安年·最中国”活动的带动下,该街区人气迅速攀升,日均人流量达15万人次。同时,以“不夜城不倒翁”为代表的系列文化IP,仅2019年网络播放量达23亿次,抖音5天涨粉100万,成为带动人气和商气的全新IP。

2020中国年,立足年文化,根据大唐不夜城中国年整体活动特色,全方位、立体式构建全媒体营销模式,积极整合各类媒体资源,联动央级、省市及各类媒体,利用自媒体打造中国年媒体宣传矩阵,同步筛选各类专业视频及图片的拍摄及制作团队,通过在活动前期,主打“品质牌”;活动中期,主打“情感牌”;活动后期,主打“文化牌”,取得了良好效果。其中#2020中国年·看西安 你有哪些期待#话题引发20万余人参与讨论。

2021中国年,在延续前三届特点的基础上,继续以盛唐文化为主线,融入全运元素,在街区营造流光溢彩的全新盛唐夜景和喜庆祥和的新春气象;创新主题演出形式,活化街区雕塑故事,打造浸入式观演体验;推出贴近百姓生活、具有西安特色的美食文创;同时推出6场“千年古都·常来长安”春节线上直播活动,7场“直播抢货·好礼新享”新春年货节线上带货活动,内容涵盖传统年节文化、演出游艺、灯组氛围、盛唐里坊、文创美食等,使广大市民、游客感受到了浓浓的年味。2021年春节累计游客接待量为257.39万人次。

### 2. 文化活动推陈出新

为进一步活跃市场，打造文旅品牌，拓展“旅游+”跨界融合发展，组织活动近千场，主要包括“盛世荣光”五一劳动节系列活动、“520爱·要大声说出来”主题文化活动、“萌动盛世”六一儿童节主题文化活动、“盛世繁荣”国庆节主题活动、第七届丝绸之路国际电影节嘉年华等文化活动，有力推动了街区旅游市场的快速活跃。同时，结合线上线下开展了“出口转内销”“淘宝造物节”“‘曲江之夜’文旅消费券”“国潮国货品质生活消费月”等商业活动，不断拓展“旅游+”跨界融合发展，为商业赋能、为文化传播，持续激发大唐不夜城步行街市场活跃度。

### 3. 商业品质明显提升

根据街区整体定位，大唐不夜城步行街坚持以文化消费为核心，紧扣夜经济高质量发展，以科学规划布局、突出业态创新，统一街区商面运营，并联动周边老字号餐饮聚集区、大悦城、新乐汇、欧凯罗等商业综合体形成多业态、多形态的发展布局。

同时，深挖唐代美食文化，打造“唐食坊”美食体验区，复原唐文化美食，推出“团扇舞”“长安冰酪”“贵妃稠酒”为代表的“演艺+美食”互动表演新形式，活化了市场。引进适合年轻群体、夜间消费的各种新零售业态，比如ARTEA、VR馆、潮文创等潮流品牌，青曲社、德懋恭、杨记隆府等特色品牌，不断满足各种消费需求，并不断创新经营模式，整体商业业态蓬勃发展，势头良好，形成了一站式、全方位的消费体系。大唐不夜城步行街已成为西安引领新消费的标志性区域。

### 4. 专属文创不断研发

为充分挖掘唐代历史文化内涵，构建了不夜城专属文创 IP 开发模式。

大唐不夜城文创研发初期，特别注重创新具有陕西特色、轻便精美的文创纪念品及伴手礼，并以商品流通、文化创新为街区的宣传增添了动能。形式主要以大唐不夜城自主品牌“大唐制造”开发与引进优质 IP 为主要途径，通过与陕西历史博物馆、西安博物院等进行合作，打造“可以带走的西安文化”，形成“模块化分区 + 定制商品 + 景区商业联动”的模式，加强了景观和商业的联动，取得了良好的效果。

2020 年，根据街区 IP 自主开发不倒翁小姐姐系列手办、抱枕被等；主题冰激凌大雁塔、唐仕女等，进一步扩大了不夜城文创品牌，颇受年轻人的青睐。同时与 CC 卡美珠宝、青壹坊、九陌芳华等特色品牌进行联动，累计打造 40 类 200 余款产品，全面打响不夜城文创品牌。

### 5. 演出活动精彩纷呈

（1）不断塑造行为艺术演艺新 IP。2019 年，抖音用户全年打卡 6.6 亿次，遍及全世界 233 个国家和地区，# 大唐不夜城不倒翁 # 相关视频播放量超 23 亿次，所谓

一个人带火一座城。但究其原因，真正带火大唐不夜城的是不断创新推出的行为艺术表演形式，不倒翁小姐姐的行为艺术表演只是大唐不夜城所推出的众多网红中的一个。

大唐不夜城步行街自升级改造之后，网红项目陡然增加。仅行为艺术表演，大唐不夜城推出了“石头人”“画中人”“悬浮李白”“悬浮武士”“提线木偶”等多个项目。随着项目持续不断的增加，社会各界对大唐不夜城的关注度也越来越高。2020 年，继“不倒翁小姐姐”之后，又持续推出了“象棋对弈”、升级版的“奋斗在路上”等系列文化 IP，助力开展宣传直播活动百余场，通过历史与时尚、古典与现代有机结合的新渠道，让文化“鲜活起来”，吸引众多市民、游客前来游览打卡。

此外，街区 3D 人体打印机、喊泉、唐仕女哈哈镜、游艺区、常安坊、唐礼坊等新颖独特的游览体验，也让市民、游客流连忘返。

（2）深度挖掘唐文化，打造唐文化主题展演。大唐不夜城步行街整体区域以仿唐建筑为主形象，有以中央景观带为核心分布的武后行从、贞观之治等 9 组主题雕塑群，配合文化背景，围绕唐文化主题展演。

一是推出的以《再回大雁塔》《再回长安》为代表的实景演出，成为独具西安特色的演出新品牌。

二是依托街区雕塑，活化历史文化，利用街区 2.1 公里的空间，将演艺、行为艺术展演等多种形式相串联，通过小故事演绎大文化，打造“大唐演绎”沉浸式主题演出，陆续推出《戏演壁画》《诗歌艺术》《花车斗彩》《贞观之治》4 组唐文化主题展演，通过对唐朝军事、丝路、诗歌、艺术四大文化的挖掘，形成一套大唐不夜城独有的文化演艺体系，带领市民、游客走进盛唐，体验盛世大唐经济、文化的繁荣。

三是极具唐风唐韵和现代元素的网红音乐表演，汇集了现代流行、重金属摇滚、古典音乐、传统民乐、戏曲等多种风格表演，丰富了街区表演形式。

四是大雁塔水舞光影秀，在确保文物本体安全的前提下，以千年大雁塔为主要展示载体，充分运用现代科技手段，通过“音乐喷泉 + 立体投影灯光秀”等方式，讲述了玄奘取经、丝绸之路等历史故事，再现了中华民族的传统文化，彰显了中华民族的传承发展。不但让文物“活”了起来、“亮”了起来，还展现了大西安追赶超越的壮美画卷，让市民、游客感受到千年岁月更迭中散发出的新时代中国魅力。

五是街区以“西安音乐厅、陕西大剧院、西安美术馆、太平洋影城”为代表的大型公共文化场馆无论是演出场次还是剧目品质，都走在全国前列。2019 年上演近 600 场次，全国首演率达 30%；2020 年，上演室内优秀剧目 100 余个，新增网红艺人 16 位，为不夜城引流增粉超 2000 万。

## （二）坚持体制机制创新，统一高效、衔接紧密的街区管理体系全面形成

一是设立大唐不夜城管理办公室。我们按照政府引导、市场主导的模式，由曲江新区管委会成立大唐不夜城管理办公室作为街区管理单位，统筹大唐不夜城步行街管理工作，实现街区市容、保洁、市政的统一管理和街区范围内业态规划、提升改造、整体运营、日常管理等工作的高效集成，有效推动了管理标准规范化，极大提高了工作效率。

二是率先推行智慧街区创建。建立街区客流监控体系，在人行出入口安装有人流统计摄像机、街区中心广场安装有检测人员密度摄像机，可实时掌握街区客流数量、停留时长、客源地信息等大数据，实现智慧管理。同时，积极探索“数字 + 线上体验”“景区云游”“网红天团”直播带货等消费新方式，推出了线上不夜城 App 以及小程序，联动周边旅游资源，通过数据分析，不断调整街区业态、优化布局。

同时，借助 5G 快速发展，通过线上直播形式，进一步扩大了大唐不夜城的曝光量。

## 四、整合效果

大唐不夜城步行街从线上至线下的联动始终未停，陆续通过“品牌活动 + 沉浸式体验 + 演艺 + 品质消费 + 整合营销”的模式，将区域文化资源、美食、旅游商品等系列文化旅游资源进行有机串联和整合，推动区域文旅品牌的全方位升级，成就了全国首批步行街的示范样板。

### 专家点评

西安大唐不夜城步行街旅游宣传推广案例的最大亮点是 IP 创意和场景营造。首先，通过挖掘和整合西安特有的盛唐文化背景资源，成功设计并打造了系列化的旅游、文创及体验消费 IP，成功引发顶流口碑效应，对步行街跻身为全国著名的“网红”打卡地功不可没。此外，通过线上至线下联动，精心营造互动式体验与消费场景，让步行街成为文化、节庆、购物、餐饮、娱乐、休闲、旅游、商务、科技和互联网 + 等多种功能叠加的集聚磁场，有力地促进了步行街的文旅消费。此外，通过多渠道的网络推广，大大提升了大唐不夜城的品牌形象，并且成功撬动和支撑了西安城市品牌形象的推广。

# “联通陆海丝　助推双循环”
# ——甘肃文旅“环西部火车游”主题推广营销活动

——甘肃省文化和旅游厅

## 一、案例简介

2020 年，旅游业是受到新冠肺炎疫情影响最严重的行业之一。甘肃省文化和旅游厅在统筹推进新冠肺炎疫情防控和经济社会发展实践中，着眼疫情防控进入常态化和跨省（区、市）团队旅游恢复的大背景，第一时间牵头跨省跨界组织开展了“联通陆海丝 · 助推双循环”——甘肃文旅“环西部火车游”主题推广营销活动，率

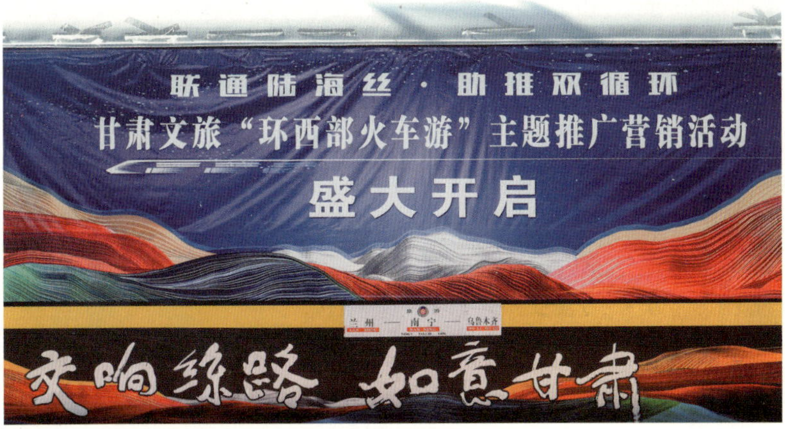


先开启国内跨省团队旅游新模式，按下跨省区旅游业复工、复产、复游的“快进键”，助推文化和旅游行业统筹推进常态化疫情防控和文旅产业高质量发展，以文化和旅游业的大循环为推动经济发展的双循环增添动力，成功实现了“环西部火车游”联通陆上丝绸之路和海上丝绸之路大环线的预期目标，成为服务国家战略、助推文化和旅游产业高质量发展的新引擎。“联通陆海丝·助推双循环”——甘肃文旅“环西部火车游”主题推广营销活动荣获“2020年度中国文旅营销创新典范”，已经而且必将产生持久而深远的影响。

## 二、活动内容和创新点

### （一）广泛凝聚各方共识，合力打造“环西部火车游”品牌

“环西部火车游”旅游产品最初是甘肃省文化和旅游厅与中国铁路兰州局集团有限公司联合打造，延伸火车服务，将景点、游客、旅行社串联、融合起来打造的“客运+旅游”精品旅游产品，具有“一条线路串多点、夕发朝至省时间、快进慢游惬意行、全能满足食住行游购娱”等旅游特点，与乘坐汽车和飞机等旅游公共交通工具相比，“环西部火车游”旅游专列的交通优势和安全优势更加明显，被称为“陆上邮轮”“梦想旅游专列”。“环西部火车游”品牌契合疫情防控常态化背景下人们更加注重安全、卫生的旅游产品消费需求，符合疫情倒逼让旅游产品提升安全因素占比、更加注重心理体验导向的转型升级预期方向，已经成为跨区域主打主推

的健康安全特色旅游产品，具有广阔的市场空间和发展前景。自2018年开行以来，随着政企联手、省际合作的持续发力，推进“环西部火车游”在引客入甘、品牌打造、效益增收、客发增量和助力文化旅游强省建设、服务全省乃至西部地区文旅产业高质量发展等方面取得显著效果，已经成为丝绸之路旅游的一张亮丽名片。2018年，“环西部火车游”共开行专列48列，组织游客42362人，实现旅游收入4720.77万元；2019年，“环西部火车游”共开行59列，组织游客53681人，实现旅游收入4924万元；2020年，“环西部火车游”共开行37列，组织游客2.46万人，实现旅游收入1828.7万元。

为深入学习贯彻习近平总书记关于统筹推进疫情防控和经济社会发展重要论述精神，认真落实“一带一路”建设和构建新发展格局等国家战略，扎实做好疫情防控、稳妥推进文化和旅游业复工、复产、复业，2020年8月2—8日、9月26日至10月4日期间，甘肃省文化和旅游厅联合四川、重庆、陕西、宁夏、青海、广西、新疆、新疆生产建设兵团等省区市文旅部门和中国铁路兰州局集团等铁路部门，以大格局、大手笔跳出甘肃发展甘肃，敞开胸怀扩大文旅跨省合作“朋友圈”的务实举措，相继开着“环西部火车游”旅游专列组团深入川、渝、陕、宁、青、桂、新七省区市，联合七省区市文旅部门、铁路部门、文旅企业共同组织开展了甘肃文旅“环西部火车游”旅游专列“1+5”跨省推广营销活动和“联通陆海丝·助推双循环”主题推广营销活动，赢得社会各界广泛好评。以“联通陆海丝·助推双循环”为主题的甘肃文旅“环西部火车游”推广营销活动为新起点，甘、川、渝、陕、

宁、青、桂、新等兄弟省区市文旅部门、文旅企业共同签订《联合打造“环西部火车游”品牌备忘录》，专列的线路规划是南起广西北部湾，北上“西部陆海新通道”，辐射西部 12 省区市，西抵新疆直至中亚，形成连接海上丝绸之路和陆上丝绸之路的“环西部火车游”大通道；营销策略是联合西部乃至更多省份文旅部门打响“坐上火车看西部”的“陆上邮轮”新品牌，奋勇抢占“铁路 + 文化旅游”制高点，加快形成“西部文旅黄金走廊”，全面激活“环西部火车游”沿线城市客流量；目标愿景是培育形成“环中国西部、联海丝陆丝”的“文旅消费增长带”，主动服务以国内大循环为主体、国际国内双循环相互促进的新发展格局。“联通陆海丝 · 助推双循环”为主题的甘肃文旅“环西部火车游”推广营销活动的成功举办，标志着国内“一带一路”沿线省区市文旅部门联合打造“环西部火车游”品牌已形成广泛共识，步入新征程、新阶段。“环西部火车游”产品因此更加走红走俏，深受广大游客青睐；“环西部火车游”品牌备受业界称道，其知名度、影响力和美誉度与日俱增。

## （二）设置跨省合作议题，突出“环西部火车游”营销活动服务国家战略

甘肃省文化和旅游厅党组一班人始终认识到，旅游业是典型的综合性产业，涉及面广、带动性强、开放度高，具有一业兴、百业旺的乘数效应，是促进国民经济增长的重要引擎，在促进经济高质量发展，构建新发展格局方面，必将发挥更大的作用，做出更大的贡献。作为甘肃乃至西部省份主打主推的王牌旅游产品，甘肃省

文化和旅游厅采取跨省设置合作议题，联合兄弟省份文旅部门共同开展主题营销活动的务实行动，全力支持“环西部火车游”主动服务“一带一路”建设、“三区三州”脱贫攻坚、东西部扶贫协作、构建“双循环”新发展格局等国家战略。其中，2019年12月开通的“环西部火车游”——“三区三州”旅游大环线特别指向美丽战胜贫困，把分布在“三区三州”铁路沿线的丰富旅游资源串联在一起，带给游客更加快捷、舒适的旅游体验，进一步推动“三区三州”旅游扶贫向纵深发展。2020年，面对突如其来的新冠肺炎疫情影响以及统筹推进疫情防控和经济社会发展各项繁重任务，甘肃省文化和旅游厅党组一班人更加清醒地认识到，一个以国内旅游大市场为基础、国内旅游经济大循环的格局正在形成，如何在疫情防控常态化背景下下好先手棋、打好“组合拳”，进一步抓好国内旅游超级大市场，促进国内旅游经济大循环，服务构筑“双循环”新发展格局，是文旅系统共同面临的重大而紧迫的课题。

基于这一思想认识，甘肃省文化和旅游厅坚持从全局谋划一域、以一域服务全局，倡导以继续服务国家战略为目的，主动设置跨省合作议题，以“联通陆海丝·助推双循环”为主旨主题和目标指向，先后两次组织开展了大规模、高规格的“环西部火车游”主题推广营销活动，持续推动文化和旅游业在更高站位、更大层面、更深程度、更高质量上为服务全局做出新贡献。其中，2020年8月2—8日，

通过组织开展甘肃文旅“环西部火车游”旅游专列“1+5”跨省推广营销活动而开通的重庆、四川、陕西、宁夏、青海等西部6省区市小环线，特别指向做好“六稳”工作，落实“六保”任务，助推文旅行业复工、复产、复业，助力恢复国内旅游市场。2020年9月26日至10月4日，通过组织开展“联通陆海丝·助推双循环”——甘肃文旅“环西部火车游”主题推广营销活动，探索开行的以广西、新疆为串联的南延北拓环线，形成了“环西部火车游”联通陆丝、海丝的大通道、大环线，特别指向服务构筑“双循环”，持续推进文旅繁荣丝路。

### （三）着力拓展合作领域，开启跨省旅游推广营销新模式

甘肃文旅“环西部火车游”旅游专列“1+5”跨省推广营销活动以及“联通陆海丝·助推双循环”——甘肃文旅“环西部火车游”主题推广营销活动的策划与组织，正如甘肃省文化和旅游厅党组书记、厅长陈卫中所言，源于家国情怀、基于跨省友谊、重于人间烟火、助力经济复苏。此项主题推广营销活动的构想，从一开始就秉持“美丽战胜贫困”的大情怀，依托已成形的“三区三州”旅游大环线，基于甘肃与川、渝、陕、宁、青、桂、新等省区市文旅部门之间长期以来建立的深厚友谊，萌发于2019年以来甘肃先后与重庆、陕西等省份签订战略合作

框架协议和文旅专项合作协议，致力于“走出去、引进来”形成富有“人间烟火味”的西部文旅“朋友圈”，最后落地于新冠肺炎疫情影响下跨省游跌入低谷的大背景、新需求。“联通陆海丝·助推双循环”——甘肃文旅“环西部火车游”主题推广营销活动，是跨省旅游推广营销的创新之举和务实探索，其主要做法和成效意义可以概括为以下几个方面：一是打响政企合作跨省游“第一枪”。在2020年文化和旅游部宣布重启“跨省游”后，着眼应对和降低新冠肺炎疫情对文化旅游业的影响，助力决胜脱贫攻坚和全面建成小康社会，甘肃省文化和旅游厅牵头组织的“联通陆海丝·助推双循环”——甘肃文旅“环西部火车游”主题推广营销活动，在与川、渝、陕、宁、青、桂、新七省区市充分对接的基础上，于8月初盛大开启，在全国打响了政企合作跨省游“第一枪”，创新了跨省旅游推广营销新模式，为促进疫情低风险区深化周边旅游市场合作、加快旅游经济复苏开了先河。二是打造流动的全要素“陆上邮轮”展厅。以“交响丝路·如意甘肃”为主题主线，集合“食、住、行、游、购、娱”和“商、养、学、闲、情、奇”等文旅全要素，用凸显甘肃文化旅游特质的元素包装设计“环西部火车游”专列车体，将富含各市州地域特色的文创商品、非遗产品、农特扶贫产品浓缩装载到每一节车厢，并以直播带货的形式进行现场“圈粉”，直观形象、全面精致地展现了甘肃文化旅游独一无二的特色品质。从一件件精美的文创产品、生动鲜活的非遗活态展示，到摆上火车餐桌的各种美食小吃，无不为甘肃文化旅游“代言”。“陆上邮轮”就像流动的甘肃文旅“博物馆”“展览厅”“宣传队”。每到一地，都受到登车观摩的文旅政企业界宾客和广大群众的交口称赞。同时，以“环西部火车游”旅游专列为载体，两次跨省主题营销活动组织全省14市州和兰州新区文旅部门、文旅企业、媒体记者、文艺演出团队300多人参加，充分彰显了甘肃文旅人推进文旅市场繁荣复苏、文旅产业复工复产复业和高质量发展的坚定决心；“飞天”歌舞、裕固族和白马藏族等旅游演艺项目更是锦上添花，深情演绎了甘肃文化的厚重、风物的绚烂、人民的热情，盛邀八方宾客了解甘肃、爱上甘肃、投资甘肃。三是奏响跨省文旅合作“交响曲”。甘肃文旅“环西部火车游”旅游专列“1+5”跨省推广营销活动和“联通陆海丝·助推双循环”主题推广营销活动期间，开着“环西部火车游”旅游专列累计历时16天行程1.22万公里，相继深入四川、重庆、陕西、宁夏、青海、广西、新疆七省区市开展了文化旅游精准对接、座谈交流、列车观摩、品牌宣传、合作签约、考察学习和《一带一路·相约千年》主题乐舞演出等系列活动，共签订《深化文化旅游战略合作协议》《精准对接共同开拓周边游市场合作协议》《联合打造"环西部火车游"品牌备忘录》《点对点旅游专列开行合作协议》《跨省互送游客合作协议》等合作协议92个，考察学习景区、文旅企业23家，国内外媒体跟踪宣传报道1000余篇，着力打响"环西部火车游"品牌，全面开启跨省旅游合作新模式，合力奏响文化和旅游系统"你中有我、我中有你"的大联动、大协作、大发展"交响曲"，成功实现了"环西部火车游"从"五一"期间开通"如意甘肃"全境全线，到"八一"期间贯通"1+5"跨省小环线，再到"十一"期间陆上和海上丝绸之路大通道、大环线的"三级跳"。四是树立文旅跨省合作典范。甘肃省文化和旅游厅联合七省区市文旅部门、文旅企业负责人共同探讨，形成一致合作共识，将以"联通陆海丝·助推双循环"——甘肃文旅"环西部火车游"主题推广营销活动为契机，在持续做优"环西部火车游"小环线基础上，共同支持开行贯通海上丝绸之路和陆上丝绸之路的"环西部火车游大环线"，联合开发系列联通"陆丝""海丝"跨省区火车游产品，充分发挥"环西部火车游"在激活"一带"与"一路"沿线城市客流量，助推丝绸之路沿线铁路客运提质增效、旅游经济高质量发展方面的独特作用，合力打造西部最优、全国著名的跨区域文旅合作品牌，共同为服务国家大战略发挥文旅力量、树立文旅典范。

## 专家点评

"火车游"作为一种团队旅游产品，已经存在了很多年，但一直针对小众市场运作。近几年，国内几条名牌火车旅游线路逐渐走入了大众的视野，火车游发展速度提升较快。在众多的竞争对手中如何脱颖而出，既需要产品本身独具特色，也需要营销活动的大力加持。甘肃省的"环西部火车游"产品推出时正值抗疫形势向好，国内旅游消费需求需要释放，西部地区成为旅游者竞相前往的新兴焦点目的地，市场需求形势和地域优势使"环西部火车游"具备了成功的先天条件。由政府出面协调的跨省营销和多省多地合作的营销活动为具体产品的推广提供了巨大助力，完成了旅游企业不可能完成的任务。

# 《星空朗读》走进宁夏

——宁夏回族自治区文化和旅游厅

为贯彻落实习近平总书记视察宁夏重要讲话精神和关于绿色生态发展的新思想，推动文化和旅游高质量发展，宁夏回族自治区文化和旅游厅立足特色旅游资源和天朗气清的星空优势，精准定位、精心策划，重点打造宁夏“星星的故乡”“中国长城博物馆”等文旅品牌，通过活动牵引、品牌打造、资源互补、市场共享，致力扩大宁夏旅游在全国特别是长三角地区的知名度和美誉度。

宁夏回族自治区发展星空旅游优势明显，2020 年 9 月 7 日，宁夏“仰望星空系列主题活动”入选文化和旅游部发布全国旅游宣传推广典型案例名单。为了使该品牌更具体、形象更生动、生态价值更凸显，省文化和旅游厅提出并实施了“七个一”计划，即一场长三角地区星空主题推介会、一场星空之旅高空发布会、一场

《神奇宁夏，星星故乡》微电影发布会、一场《星空朗读》走进宁夏主题晚会、一场星空科技主题论坛、一系列星空旅游服务标准制定发布和一系列落地宁夏的星空主题研学游等活动。

9 月 19 日，作为“七个一”计划之一，《星空朗读》走进宁夏第二季活动在贺兰山东麓志辉源石葡萄酒庄举办。这是宁夏、浙江两省区在文化旅游领域再度携手、共赢发展的精品力作。活动依托浙江广电集团“星空朗读”节目的品牌效应，通过“文旅 + 传媒”融合传播的形式，展现“美丽宁夏 · 星星故乡”文旅 IP 和全域旅游发展成果，特邀了全国 10 位“金话筒奖”获得者及 30 多位朗诵艺术家、知名演员等相约宁夏。伴着宁夏美丽的星空，在贺兰山下的葡萄庄园里，艺术家们通过朗诵、歌唱、演艺等形式，赞美祖国、赞美宁夏、赞美“星星的故乡”。用最好听的声音、最美丽的星空，为观众奉献了一场极致享受的声音盛宴。

此前,《星空朗读》走进宁夏第一季活动于2019年9月19日在贺兰山东麓志辉源石葡萄酒庄主会场及沙坡头、将台堡、青铜峡3个分会场举办，共庆中华人民共和国成立70周年。本季活动开展了《星空朗读》会址揭幕、《星空朗读》朗读者工作室揭牌、《星空朗读》主题晚会等现场活动。中国移动、中国联通进行了5G直播，人民网、腾讯、网易、红枸杞以及宁夏主流媒体进行了现场直播，极大地提升了宁夏“星星的故乡”的美誉度。全国近400多家媒体平台进行了宣传报道，6家直播平台在线观看人数突破8000万，其中人民网、腾讯网、浙江卫视中国蓝直播平台均突破2300万，活动累计传播量突破2亿人次，极大地提升了宁夏的知名度和美誉度。

## 专家点评

近年来，宁夏在适应游客新需求、拥抱消费新趋势方面，不仅做“亮”夜经济，也积极发力做“靓”暗经济。宁夏回族自治区文旅厅围绕特色旅游资源和观星优势，进行了有主题、有节奏、有章法、有延续的系列宣传营销推广活动，打造“美丽宁夏·星星故乡”文旅IP。尤其在2020年，宁夏“仰望星空系列主题活动”入选文化和旅游部发布全国旅游宣传推广典型案例后，自治区文旅厅再接再厉，接连推出星空旅游“七个一”计划，围绕“美丽宁夏·星星故乡”推出了《星空朗读》文化旅游宣传推广活动，通过在近年全国范围内“朗读”“朗诵”的热度，通过强强联合，栏目品牌效应叠加贺兰山在地旅游资源，艺术家、知名演员赋能，用朗诵、歌唱、演艺等文化形式宣传“星星的故乡”旅游产品和业态，延续了“美丽宁夏·星星故乡”的文旅IP，提升了宁夏“星星的故乡”的美誉度。

# 《可可托海的牧羊人》案例

——新疆维吾尔自治区阿勒泰地区富蕴县
文化体育广播电视和旅游局

## 一、案例介绍

富蕴县位于新疆东北部，地处阿尔泰山南麓，准噶尔盆地北缘，与蒙古国接壤。行政区域面积 3.37 万平方公里，边境线长 225 公里。居住着汉族、哈萨克族、维吾尔族等 29 个民族，总人口 11 万余人，是一个以工矿业、旅游业、畜牧业为主体的少数民族边境县。富蕴，因“天富蕴藏”而得名，因“物华天宝”而享誉八方，以“地质、冰雪”闻名中外。

富蕴人文历史悠久、区位优势独特、资源多样富集、利好机遇叠加、发展潜力巨大，是新疆丝绸之路北通道的重要节点，环阿尔泰区域经济圈主要的工业重镇。

县城距乌鲁木齐 483 公里，邻近 2 个国家一类口岸。国道 216 线和省道 226 线、324 线贯穿全境。可可托海机场 2014 年通航，南方航空、天津航空、幸福航空、新疆通航相继落地，在全疆率先引进了低空摆渡飞行、“三网一体 + 落地自驾”，已获批 2 条最美低空飞行体验航线。乌鲁木齐—富蕴铁路已正式通车。“飞机 + 铁路 + 高速公路”的立体化交通网络体系已建立完善，正在形成连接疆内和邻国重点区域的交通大通道。

额尔齐斯河和乌伦古河将全县分为特点鲜明的三大地理板块，由南到北分布着沙漠、戈壁、河谷、草原、森林、山脉，形成了绵延千里的垂直景观带。富蕴县旅游资源丰富，目前拥有国家 A 级旅游景区 8 家（包括 1 家 5A 级旅游景区，2 家 4A 级旅游景区，3 家 3A 级旅游景区，2 家 2A 级旅游景区），滑雪场 2 个。可可托海国际滑雪场长达 7—8 个月的雪期，2020 年 10 月 1 日开滑，成为中国雪场首滑地，开滑日期进入北半球前十，富蕴县凭借可可托海国际滑雪场，真正实现了四季旅游无缝衔接。

《可可托海的牧羊人》这首歌曲的出现，实则是恰逢全国旅游工作的一个低谷时期，借助各类自媒体渠道优势，打造独特线上推广形式，将歌曲以不同形式展现，逐渐进入大众视野，成为全民最喜爱的歌曲之一，最终荣登 2021 年央视春节联欢晚会，借助线上宣传优势，打造独特线下旅游特色产品，凸显当地文化民俗风情。

## 二、具体做法

### （一）宣传推广思路

借助音乐平台与自媒体平台同步运作，先由音乐平台进驻，主要是 QQ 音乐、网易音乐、酷狗音乐等，后期通过全民 K 歌等大众 K 歌软件，将音乐进行整体铺垫。后期借助抖音、快手等新媒体平台，由事件营销再到产品背后故事营销。人群分类也是从刚开始的音乐人到中老年群体，最后转战至青年，逐渐产生影响后，再通过央视平台，最终一曲唱响全国。

### （二）方式方法

《可可托海的牧羊人》整体宣传方式可以说是将众多营销宣传手段同步引入其中。跟每一首歌曲的发行是一样的，首先就是通过音乐平台对歌曲进行发行，2020 年 5 月《可可托海的牧羊人》由酝星公司上传至酷狗音乐，之后通过宣传营销手段，将歌曲进行推送，在 10 月左右，冲上了多个飙升榜、分享榜的榜首，并在当时的酷狗 TOP500 榜单中排名前二。《可可托海的牧羊人》在 2020 年 5 月上线酷狗音乐，截至 2021 年 4 月 13 日，歌曲持续登上酷狗 TOP500 榜单共计 184 天。而在这 184 天登榜的同时，自媒体平台上早已因此歌曲沸腾，随后又回归到了音乐平台，直至大街小巷循环播放歌曲，全民都熟知这首歌曲，然而这并不是事件营销的结束，随后又将《可可托海的牧羊人》背后的故事深挖，从可可托海到那拉提，两边共同进行宣传营销，在各平台讲述其背后的爱情故事，完美地塑造了整个故事的形象。随着事件的升级和延续，2021年春晚，王琪有幸被邀请参加2021央视春节联欢晚会，整首歌曲一下子演变成全国人民都熟知的歌曲，而可可托海这个词也成为大家口中和脑海中深深刻印的内容。而在整个宣传营销事件中，除了正常的歌曲发布、传唱、事件营销之外，还借助平台翻译了哈萨克语版本的《可可托海的牧羊人》，让其又有了进一步的发酵。

### （三）衍生

任何一个宣传案例的开始，都是为了最终能够服务一座城市，提升整个城市的品牌知名度,《可可托海的牧羊人》也不例外。通过整个宣传案例的进行，最终使得可可托海成为大众所熟知的一个名词，而如何将名词转换成一个地名、一座旅游城市，还有很长的路要走。自从《可可托海的牧羊人》登上央视春节联欢晚会以来，富蕴县始终向外界传输一个信号：可可托海在新疆，可可托海在富蕴。而与此同时，可可托海的线下旅游特色产品也随之而来，除了全国各大旅行社纷纷推出可可托海的牧羊人系列旅游套餐之外，富蕴当地各景区景点也设置了打卡地，例如可可托海景区设置了可可托海牧羊人毡房演绎活动，为的就是将这种线上宣传形式落地，能够借助歌曲优势，推进产品更好地融入大众，被大众所接受。

## 三、主要成效

### （一）经济效益

从富蕴的整个旅游产业发展来看,《可可托海的牧羊人》宣传营销案例，为当地旅游经济发展带来了强大的助力。从数据角度来看，2021年截至第一个季度，富蕴县共计接待游客93.63万人次，同比增长409.79%；实现旅游收入8.441亿元，同比增长337.68%。

## （二）社会效益

从社会效益方面来看，一首《可可托海的牧羊人》不仅给当地，更是给全国热爱音乐的群众，创作出了大家喜闻乐见的作品；其次就是通过一首歌曲带动了一座城市的旅游经济发展，它所产生的社会效益巨大，为当地的产业发展提供了助力；《可可托海的牧羊人》以地名命名歌曲，将地名在无形中传播出去，从而提升当地的旅游品牌知名度，为当地发展旅游产业打下了坚实的基础。

音乐是没有国界的语言，好的歌曲可以成为一种无处不在的介质，融入不同的文化与潮流，提升知名度，成为城市形象品牌营销的一个思路或一条捷径，从而增强城市的核心竞争力和“软实力”。

### 专家点评

通过一部文艺作品的走红而引爆一地的旅游，是一种非常有效但也非常有难度的营销方式。其核心是文艺作品要能引发广泛的共鸣，并且作品要与旅游地之间有直接的联系。《可可托海的牧羊人》由于其优美的旋律和凄美的爱情故事，成功地跃升为全民最爱的歌曲之一，并延伸出了人们对可可托海的热切关注与追寻。该案例通过一首歌曲带动了一个地区的旅游发展，塑造了一个地区独有的超级文化IP，是通过文化创意促进旅游繁荣的经典案例，值得其他地区借鉴学习。

# “世界之美　尽在新疆”互联网营销推广

——新疆维吾尔自治区文化和旅游厅

## 一、案例简介

2020 年，新冠肺炎疫情止住了人们出行的脚步，但疫情是危，也是机。2 万亿元的出境旅游消费回流，对于拥有世界级优质资源的新疆而言，迎来了前所未有的发展机遇。新疆地域辽阔、区位独特、山河锦绣，是一个可以与世界各地相媲美的地方。

为将原计划去往世界各地游客的注意力转移到新疆，抓住后疫情时代的生态红利，依托新疆大草原、大雪山、大森林、大沙漠等极致生态资源，吸引高质量游客，新疆维吾尔自治区文化和旅游厅发起“世界之美　尽在新疆”互联网营销推广活动。

## 二、活动内容与创新点

### （一）打造新疆特色旅游品牌，塑造目的地 IP 标签

通过创意性的话题营销、旅拍事件营销，全方位展示新疆世界级的旅游资源，将“世界之美　尽在新疆”打造为新疆特色旅游品牌，直观告知大众新疆拥有世界级的多元化美景，构建新疆“世界级旅游目的地”新形象，打响“世界之美　尽在新疆”品牌，以品牌的力量扩大目的地知名度和影响力。

## （二）多平台、多渠道联合，辐射更多客群

由自治区文化和旅游厅首发活动内容，联合各地市官方自媒体共同推广，同时联合爱卡汽车、铂爵旅拍、旅游达人、知名大号、本地及全国网络媒体等多方，以

多样的形式进行宣传与推广，利用不同属性平台的力量，尽可能辐射更多客群，关注新疆旅游。

### （三）推动旅拍产品落地，真正让用户"畅快玩"

不止于营销，更注重实际的流量转化。此次互联网营销推广项目，在聚焦旅拍产品线路的研发和包装的基础上，推出高品质旅拍系列产品线路，联合润勃促成主题产品在 10 家平台、20 余家企业上线及售卖，实现了从话题到品牌再到产品的层层引流。

## 三、具体做法

### （一）话题营销，全方位展示新疆世界级旅游资源

浩瀚沙漠、苍茫戈壁、葱郁绿洲、广袤草原、透迤雪山、湛蓝湖泊、丝路古

道、民族风情、历史文化……为更好地展示新疆世界级的旅游资源，自治区文化和旅游厅甄选了包括塔克拉玛干沙漠、阿尔泰山、赛里木湖等在内的 14 个媲美世界景观的打卡地，制作了 14 张“在新疆，遇见最美……”系列海报，通过极致的美景，强势内容种草，将新疆快速拉入大众的视野，重磅推出“世界之美　尽在新疆”话题。

借势话题上线热度，制作推出“世界之美　尽在新疆”主题创意宣传视频，动态化、立体化展示新疆的旅游资源，为大众奉上一场净化眼球的视觉盛宴，让目标客群更好地了解大美新疆，提高出行概率。

自治区文化和旅游厅还特别邀请到新疆代表性歌舞片《歌声的翅膀》的主演及创作人——夏望、玉米提、江依昊、黄绮珊、董颖达、阿来、塔斯肯 7 位艺人，作为 2020 年“世界之美　尽在新疆”新疆文化旅游公益推广人，为新疆的风景、文化、历史、运动、美食、民俗、艺术等旅游元素进行宣传推广。名人录制口播视频邀请大众来新疆游玩，并通过官方微博账号与自治区文化和旅游厅官方微博进行互动等，借助名人营销效应，引发更多人关注新疆旅游。

## （二）旅拍事件营销，树立新疆高端旅拍目的地形象

多元化的自然景观和人文风情，孵化出更多旅拍的可能性，为此自治区文化和旅游厅特别策划了“情定新疆”高端旅拍事件营销。联合爱卡汽车，向广大游客发出“情定新疆”的邀约，邀请游客来新疆体验一次不同凡响的旅拍之旅。邀请两对知名情侣旅游达人，开启线下主题踩线，实地体验南疆、北疆两条顶级旅拍资源的独特魅力与风采，创作优质攻略及视频，以自身流量和影响力，多渠道、多平台、多形式为用户种草旅拍线路。

同时，联合业内龙头铂爵旅拍，精心策划、打造了一支“情定新疆”震撼旅拍大片，通过大场景的画面展示新疆壮美的自然景观、特色的异域风情，为游客提供更为直接、极致的视听体验，塑造、传达新疆旅拍胜地形象，激发受众到新疆旅拍的欲望。旅拍大片通过微信朋友圈进行广告投放，覆盖新疆本地，以及北京、上海、广州、深圳、天津、成都、重庆、西宁、酒泉、银川、太原、呼和浩特等核心城市，定向营销重点客群。

“情定新疆”旅拍事件营销也吸引到疆内核心媒体、全国重点媒体及知名旅游达人、大号的报道与转发，将活动推向高潮。同时发挥长尾效应，自治区文化和旅游厅

推出 20 个精选的网红旅拍打卡点，以年轻化的手绘风格海报形式，“手把手”教游客怎么拍。

## （三）聚焦产品，实现新疆旅拍产品的落地和变现能力

消费升级，也对旅游目的地的产品品质提出了更高要求。除了在营销上充分造势外，自治区文化和旅游厅在聚焦旅拍产品线路的研发和包装的基础上，推出“情定新疆”伊犁河谷之恋、“情定新疆”阿勒泰纯净童话、“情定新疆”喀什帕米尔之心 3 条高品质旅拍系列产品线路。

联合润勃生态旅行论坛，促成新疆主题旅拍产品在中青旅耀悦（北京）旅游有限公司、众信旅游奇迹旅行、华程国际旅行社集团有限公司、德迈国际、无二之旅、海豚哆哆精致旅行、深圳中国国际旅行社有限公司（新景界）、高梵旅行、野去自然旅行、中国文化管理协会文化旅游专业委员会等 10 余个平台线上售卖，同时依托新疆旅游高质量发展平台企业的联合推广，目前已经有超过 20 家国内企业开展新疆旅拍产品的售卖。项目也推动铂爵旅拍在新疆积极开设门店，将新疆的旅拍资源变现为实际的流量，形成话题到品牌再到产品的营销闭环，真正实现了产品的落地销售转化，助力新疆高端旅拍市场快速向好发展，推动新疆旅游产业结构整体优化升级。

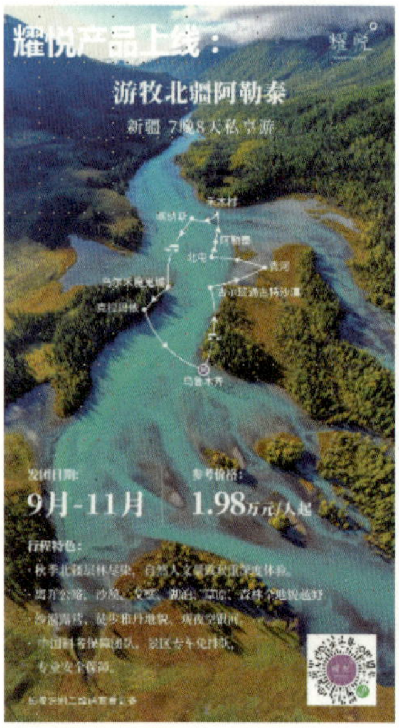

## 四、主要成效

### （一）传播数据

此次"世界之美　尽在新疆"互联网营销推广活动，通过自治区文化和旅游厅官方微博、微信、抖音等自媒体平台首发资讯，各地市联动推广，# 世界之美　尽在新疆 # 话题阅读量超过 1.9 亿，# 情定新疆 # 话题阅读量超过 1 亿；品牌合作方爱卡汽车拥有 1300 多万有效注册用户，铂爵旅拍拥有超 1200 万忠实粉丝；活动发布网络稿件超 436 频次；达人踩线发布超过 55 条图文、视频游记；超过 136 个知名网络意见领袖及大号发布活动信息，联合宣传推广。活动传播覆盖总人数超过 3.3 亿人次，有效地激活了周边及全国市场，释放了新疆旅游消费活力。

## （二）展会推介

为深入落实习近平总书记在第三次中央新疆工作座谈会中的讲话内容，由中央宣传部、文化和旅游部指导，自治区人民政府主办的“心灵四季 · 美丽中国”全国秋冬季旅游暨“新疆是个好地方”宣传推广活动在乌鲁木齐召开，“世界之美　尽在新疆”互联网营销推广活动在大会中进行创意推介，受到各方嘉宾的强烈关注；“世界之美　尽在新疆”的旅拍大片还在 2020 年北京婚博会上进行了展示，获得游客的一致好评。

## （三）市场效果

“世界之美　尽在新疆”互联网营销推广活动，在游客端充分展示了新疆世界级旅游资源的魅力，提升了大众对新疆旅游的好感度和向往度；同时在行业端，树立了新疆高端旅拍市场先行者和创新者的标杆形象，助力新疆高端旅拍市场崛起。

活动有效推动新疆旅游市场向好发展，2020 年中秋和国庆双节期间，新疆成为黄金周旅游热门目的地，全区累计接待游客 1535.43 万人次，实现旅游收入 84.13 亿元。

### 专家点评

十四张海报触达人心，瞄上一眼就定下一生必去一次新疆。作为地处祖国西北的新疆，距离大部分旅游者有遥远陌生之感，这种不常见的独特魅力也在逐渐吸引大家的目光，将其列为一生必去的旅游目的地。随着基础设施日趋完善，产品线路多种多样，旅游淡季也可以有独特的魅力，恰恰因为新疆不同地区的自然风光、风土人情历史差异，必将有部分旅游者发展为深度旅游者，“复购”新疆旅游线路，成为消费者中的意见领袖，进而反哺新疆旅游产业。

新疆的美景也不光存在于纪录片中，更被广大旅游爱好者记录和收藏。通过制造话题营销，将十四个世界级美景呈现在大众视野，使阅读者“心向往之”，并自发进行传播，推动新疆旅游业发展。

联动相关企业，策划打造旅拍营销事件，利用 B 端资源进行转化，配合旅拍产品线路，提供内容，为旅游者提供更多选择，并拉动当地经济，实现营销比换，从产品落地，到销售转化，为美丽新疆提供更多 C 端展示窗口。

# “心灵四季　美丽中国”线上宣传推广

——中国文化传媒有限公司

## 一、案例介绍

2020 年因新冠肺炎疫情的发生，旅游业经历了前所未有的困境。为贯彻落实习近平总书记关于景区有序开放的重要指示批示精神和中央关于统筹推进新冠肺炎疫情防控和经济社会发展工作的部署，在有效防控疫情的基础上做好景区有序开放工作，同时有序推动文化和旅游业复工复产，有效催热文化和旅游消费市场，受文化和旅游部资源开发司委托，中国文化传媒集团有限公司、中传环球（北京）新媒体科技有限公司作为内容策划和具体执行单位，开展“心灵四季　美丽中国”线上宣传推广活动，取得积极成效。

## 二、主要的创新和亮点

### （一）整合全媒体资源，多方式、多渠道、多角度发声

接受项目委托以来，中国文化传媒集团有限公司、中传环球（北京）新媒体科技有限公司通过开通专题频道、发起话题推动热点传播、整合全媒体资源、聚合线上线下资源优势，全面开展线上旅游宣传推广工作，最大化撬动社会传播力量，形成全方位、多角度、立体式全媒体宣传矩阵，全面打响“心灵四季　美丽中国”品牌影响力，助力各地文化和旅游资源推广。

#### 1. 多个媒体平台设置“心灵四季　美丽中国”专题

文旅中国客户端、中国文化传媒网、搜狐网等多个媒体平台设置“心灵四季　美丽中国”专题，建立专属资源库，上新“心灵四季”频道，在频道中设立“视频赏析”“地方风采”“诉说风景”“文旅会客厅”“美丽家乡”“精品自驾路书”“乡村的蓝图美景”“伴着节气游美景”等专题内容，共发布视频、音频、图文文章300余篇（个）。

中国文化传媒网
www.ccdy.cn
中传云 https://www.ccmapp.cn
首页 要闻 推荐 观察 市场 产业 旅游 公共文化 非遗 专题 交流 艺术 文物 评论 地方
要闻
习近平的2020·十月：三件大事引人瞩目
勇当新时代改革开放排头兵——热烈祝贺浦东开…
为推动构建人类命运共同体作出更多实践探索—…
第一报道丨从习主席重要论述中，世界读懂“上海…
从“一张白纸”到“一面旗帜”，《瞭望》带你穿越…
2020中国文旅产业发展高峰论坛即将启…
本网原创
山东省地质勘查行业地质调查员职业技能竞赛圆…
山东临沂：创新建管模式 延伸服务触角 蒙阴县“…
2020年世界工业设计大会将于11月25日在山东烟…
前三季度，山东累计新增减税降费1329亿元
山东建立省市县三级责任分担机制，提高基金的…
“六艺秀淄博”之“写淄博”媒体采风团走进山东淄博
淄博聊斋俚曲：蒲松龄继《聊斋志异》之外的另…
“多彩贵州•山东画院贵州采风写生作品展”在山东…
翰墨华章•刘玉泉 — 第二届中国画全国名家作品…
山东今年108个村镇候选第六届全国文明村镇 数…
推动非遗助力脱贫，将非遗“软资源”转化为“硬实…
山东已建成海洋牧场平台48座 其中有多座平台对…
山东提前半年完成国家地方病防治专项三年攻坚…
视频
构建文化和旅游融合的全新融媒体产品——…
丹青秋韵——吉林省美术馆馆藏中国画作品…
建强传媒本体 做实传媒内容 ——中传云平…
中传出品
中国文化报 电子版
中传云
心灵四季 美丽中国
Seasonal Heart Beautiful China

搜狐专题 先人一步，不止速度
往期专题
近期
2020
2019
2018
2017
文旅中国| 心灵四季 美丽中国
以你之名·向光而行丨2020狐友国民校花大赛
懂股帝丨A股“醉了”！酿酒行业板块大涨逾5%
欧盟计划购入辉瑞3亿剂新冠疫苗丨国际要闻
手机搜狐App
热点聚焦 精品栏目 随时浏览

霜降节气到：哪些回忆温暖了你的童年？
2020年秋分美景
秋天的回答丨文旅中国邀您共赏2020全国秋分美景（视频版）
秋天的回答
秋天的回答丨文旅中国邀您共赏2020全国秋分美景（长图版）

全部 诉说风景 视频赏析 地方风采
秋日私语
秋日私语——山东鄄城历山公园
心灵四季 美丽中国丨走进高原绿岛 邂逅梯田花海

全部 诉说风景 视频赏析 地方风采
心灵四季 美丽中国丨《行走大运河》之《断漕百年，涛声又起》
心灵四季 美丽中国丨诉说风景——《行走大运河》之《南北通州通南北》
心灵四季 美丽中国丨诉说风景——《行走大运河》之大运河漂来的北京城
心灵四季 美丽中国丨诉说风景——湖南天岳幕阜山

秋色无敌，中国最像“桃花源”的5个古村落，风景惊艳却少有人去
心灵四季 美丽中国丨中国水蜜桃之乡，走进江苏省无锡市阳山镇
心灵四季 美丽中国丨相约最美乡村，品味农家风情
山西云丘山：以文兴旅 火了旅游富了村民

### 2. 数十个权威、流量媒体持续为活动发声

搜狐新闻、环球网、网易旅游、远途网、马蜂窝网、北青网、中国日报、中华网资讯、中国经济网、文化中国网、环球文化网、人民日报海外网、人民政协网、腾讯新闻、网易新闻、新浪商讯、凤凰新闻、今日头条、一点资讯、新闻周刊、中国广播电视网21家媒体平台发布“心灵四季　美丽中国”线上旅游宣传活动稿件。

### 3. 热点话题带动数亿次传播量

（1）先后发布了“心灵四季　美丽中国”“感受美丽家乡　发现户外精彩”“那些美丽而不为人知的地方”“自驾可以这样美”“二十四节气云游记”5个热点话题，联合快手等开展“文旅扶贫在行动”直播等活动，20余家媒体平台发布“心灵四季　美丽中国”线上旅游宣传活动稿件，抖音、快手、学习强国等平台播放量及阅读量超过 7 亿次。

（2）文旅中国官方微博持续运营 # 心灵四季　美丽中国 #、# 那些美丽而不为人知的地方 # 等话题，并同步发布精品自驾路书系列 35 篇，文史专题系列原创内容 10 篇，旅游目的地及景区宣传推介内容 26 篇，微博再创造内容 51 篇，阅读量达 288.1 万。# 心灵四季　美丽中国 # 话题阅读量 4069.6 万，# 那些美丽而不为人知的地方 # 话题阅读量 175.7 万，#2020 爱上一座城 # 话题阅读量 2443.1 万，# 感受美丽家乡　发现户外精彩 # 话题阅读量 209.9 万。# 打卡二十四节气 # 话题阅读量 122.1 万，# 自驾可以这样美 # 话题阅读量 26.8 万。

（3）文旅中国官方自媒体号一点资讯、今日头条、网易、百度、搜狐、腾讯、新华网、澎湃新闻、学习强国、《人民日报》等 12 个平台进行二次传播推广，共发布内容 195 篇，其中新华网的“心灵四季　美丽中国”专题单篇阅读量 100 万以上，总阅读量达 4361 万。

#### 4. 多种宣传展现方式，让话题热度持续

（1）文旅中国客户端开机屏、首页轮播图展示“心灵四季　美丽中国”的相关内容。

（2）第 15 届中国义乌文化和旅游产品交易博览会现场，设置了“心灵四季　美丽中国”文旅中国会客厅，文化和旅游部党组成员王晓峰在会客厅启动了“心灵四季　美丽中国”全国冬季旅游线上宣传推广活动。活动重点围绕冰雪旅游、温泉旅游、海洋旅游等新产品、新业态进行宣传推介，进一步激活冬季文化和旅游消费市场。

文旅中国会客厅通过互动直播、文旅会客厅（视频专访）、活动专题、开机屏启动页、全媒体联动等多种宣传形式，进一步加大“心灵四季 美丽中国”的国内

旅游宣传推广工作，强化“心灵四季　美丽中国”品牌活动的引领效应，激发文化和旅游疫后市场振兴。

（3）文旅中国客户端每日文化和旅游、艺术和非遗快报加入“心灵四季　美丽中国”主视觉图片宣传，在热点、旅游、艺术、非遗等频道固定时间发布。

## （二）利用颇具影响力的文化名人和网络意见领袖为本次宣传活动发声

“心灵四季　美丽中国”活动不仅邀请了国家一级演员佟凡等颇具影响力的文化名人助力活动，还邀请了150位旅游达人加入，最大化撬动社会传播力量，共同为“心灵四季　美丽中国”发声。

### 1. 国家一级演员佟凡等明星为活动助力

（1）义乌文博会期间，国家一级演员、著名主持人佟凡作为特别体验官，带领广大网友进行巡馆探秘，体验展馆内的文化创意产品、自驾露营用品、智慧旅游产品等，还接受文旅中国会客厅专访，分享他对祖国壮丽山河的认知及对美好生活的向往，取得了良好的明星效应。

（2）金晨、周觅、张雨绮、张新成等明星成为城市推荐官，为活动打Call。

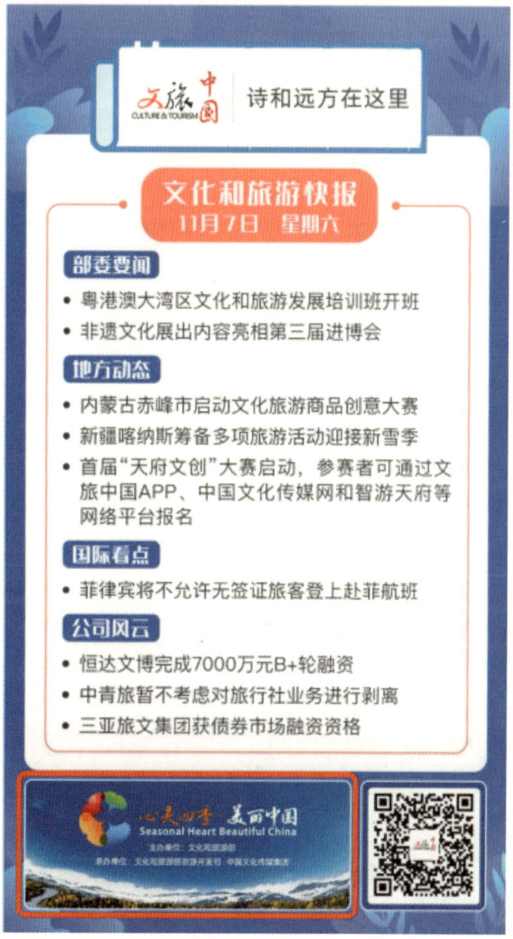


### 2. 150位旅游达人加入，共同为“心灵四季　美丽中国”发声

（1）2020年9月20日，联合快手举行“心灵四季　美丽中国”全国

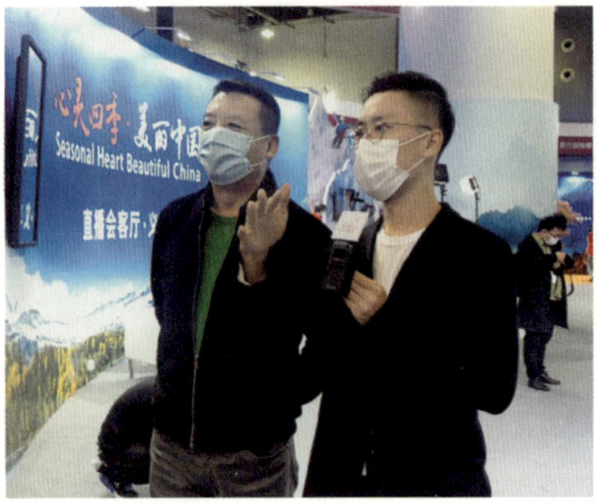


线上旅游宣传推广活动——宣传推广扶贫在行动。9 月 27—30 日，山西娄烦、静乐新媒体采风活动组织 10 余位拥有百万粉丝的大 V,《山西晚报》、汾河新闻、头条新闻等新媒体账号在微博、抖音、快手、微信、文旅中国等平台发布相关内容近百篇，总计覆盖网友 1 亿多，总计阅读量 3000 多万次，总计视频播放量 500 多万次，总计互动量 300 多万次。其中两条精彩视频登上当日榜单前三。山西晚报客户端、山西晚报三版要闻、山西省文化和旅游厅官方微博等官方媒体平台发布《“心灵四季　美丽中国”文旅扶贫媒体行走进山西》《文化和旅游部“文旅扶贫全国媒体行”走进山西》等宣传文章。

（2）义乌文博会期间，文旅中国客户端邀请了 12 名百万级粉丝量的网络红人巡馆直播，就“文化 + 旅游”“非遗进景区”“冬季旅游推广”等各个方面，运用新媒体、新技术，通过不同的视角对各地旅游资源推介、“心灵四季　美丽中国”现场

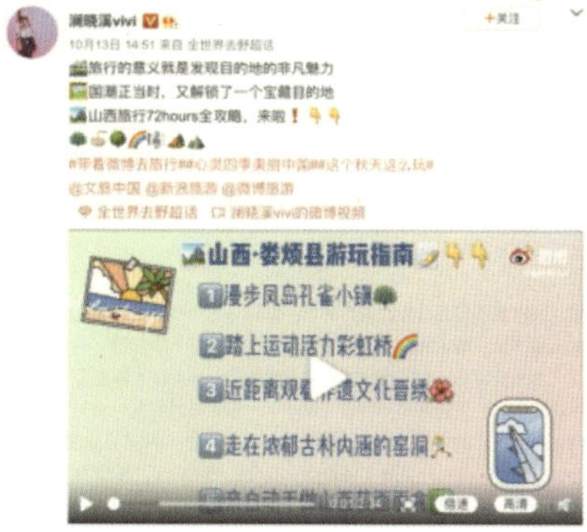


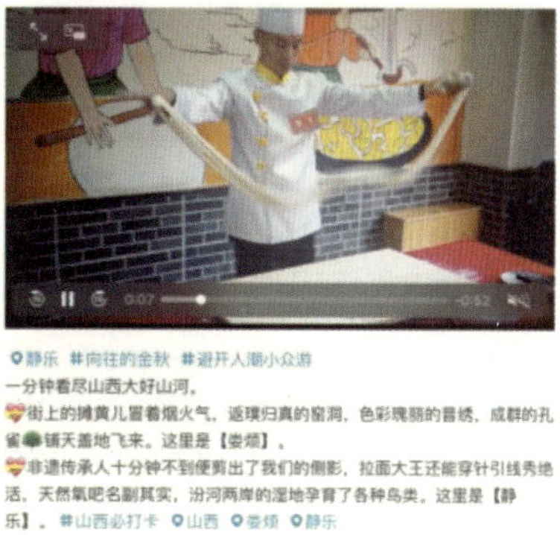


展示及采访盛况进行直播，将展会的深刻内涵更好地传达出去，让文化和旅游融合的深度探索成果广泛传播。此次大规模直播巡馆在各平台累计观看数近 5000 万次，互动 10 万余条。

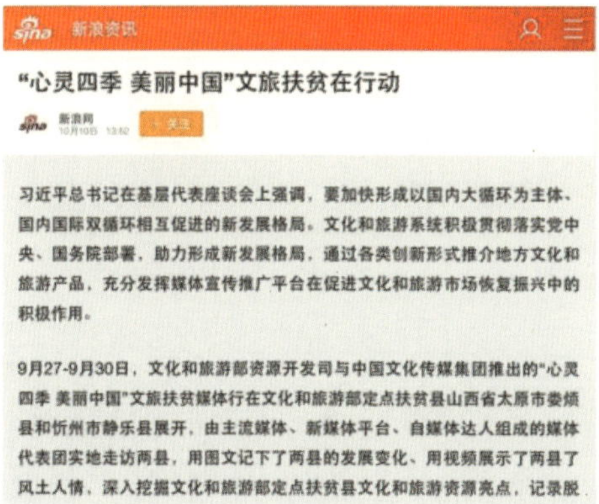

新浪资讯

**“心灵四季 美丽中国”文旅扶贫在行动**

新浪网 10月10日 13:02 +关注

习近平总书记在基层代表座谈会上强调，要加快形成以国内大循环为主体、国内国际双循环相互促进的新发展格局。文化和旅游系统积极贯彻落实党中央、国务院部署，助力形成新发展格局，通过各类创新形式推介地方文化和旅游产品，充分发挥媒体宣传推广平台在促进文化和旅游市场恢复振兴中的积极作用。

9月27-9月30日，文化和旅游部资源开发司与中国文化传媒集团推出的“心灵四季 美丽中国”文旅扶贫媒体行在文化和旅游部定点扶贫县山西省太原市娄烦县和忻州市静乐县展开，由主流媒体、新媒体平台、自媒体达人组成的媒体代表团实地走访两县，用图文记下了两县的发展变化、用视频展示了两县了风土人情，深入挖掘文化和旅游部定点扶贫县文化和旅游资源亮点，记录脱

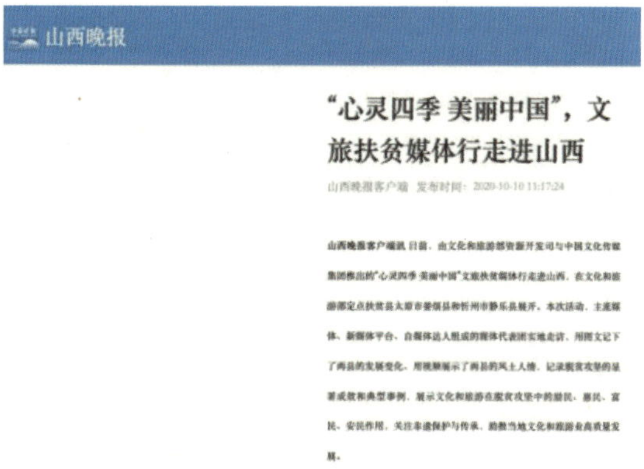

山西晚报

**“心灵四季 美丽中国”，文旅扶贫媒体行走进山西**

山西晚报客户端　发布时间：2020-10-10 11:17:24

山西晚报客户端讯 日前，由文化和旅游部资源开发司与中国文化传媒集团推出的“心灵四季 美丽中国”文旅扶贫媒体行走进山西，在文化和旅游部定点扶贫县太原市娄烦县和忻州市静乐县展开。本次活动，主流媒体、新媒体平台、自媒体达人组成的媒体代表团实地走访，用图文记下了两县的发展变化，用视频展示了两县的风土人情，记录脱贫攻坚的显著成就和典型事例，展示文化和旅游在脱贫攻坚中的励民、惠民、富民、安民作用，关注非遗保护与传承，助推当地文化和旅游业高质量发展。

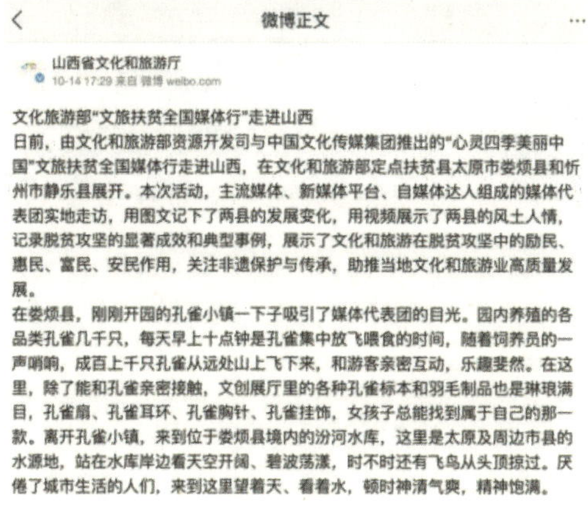

微博正文

山西省文化和旅游厅
10-14 17:29 来自 微博 weibo.com

文化旅游部“文旅扶贫全国媒体行”走进山西
日前，由文化和旅游部资源开发司与中国文化传媒集团推出的“心灵四季美丽中国”文旅扶贫全国媒体行走进山西，在文化和旅游部定点扶贫县太原市娄烦县和忻州市静乐县展开。本次活动，主流媒体、新媒体平台、自媒体达人组成的媒体代表团实地走访，用图文记下了两县的发展变化，用视频展示了两县的风土人情，记录脱贫攻坚的显著成效和典型事例，展示了文化和旅游在脱贫攻坚中的励民、惠民、富民、安民作用，关注非遗保护与传承，助推当地文化和旅游业高质量发展。
在娄烦县，刚刚开园的孔雀小镇一下子吸引了媒体代表团的目光。园内养殖的各品类孔雀几千只，每天早上十点钟是孔雀集中放飞喂食的时间，随着饲养员的一声哨响，成百上千只孔雀从远处山上飞下来，和游客亲密互动，乐趣斐然。在这里，除了能和孔雀亲密接触，文创展厅里的各种孔雀标本和羽毛制品也是琳琅满目，孔雀扇、孔雀耳环、孔雀胸针、孔雀挂饰，女孩子总能找到属于自己的那一款。离开孔雀小镇，来到位于娄烦县境内的汾河水库，这里是太原及周边市县的水源地，站在水库岸边看天空开阔、碧波荡漾，时不时还有飞鸟从头顶掠过。厌倦了城市生活的人们，来到这里望着天、看着水，顿时神清气爽，精神饱满。

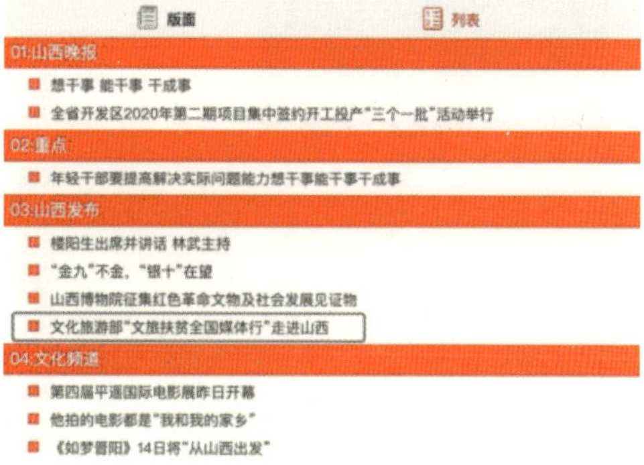

版面　列表

01:山西晚报
- 想干事 能干事 干成事
- 全省开发区2020年第二期项目集中签约开工投产“三个一批”活动举行

02:重点
- 年轻干部要提高解决实际问题能力想干事能干事干成事

03:山西发布
- 楼阳生出席并讲话 林武主持
- “金九”不金，“银十”在望
- 山西博物院征集红色革命文物及社会发展见证物
- 文化旅游部“文旅扶贫全国媒体行”走进山西

04:文化频道
- 第四届平遥国际电影展昨日开幕
- 他拍的电影都是“我和我的家乡”
- 《如梦晋阳》14日将“从山西出发”

返回

## 文化旅游部“文旅扶贫全国媒体行”走进山西

2020-10-11 08:02:44.0

山西晚报讯（记者 孙轶琼）日前，由文化和旅游部资源开发司与中国文化传媒集团推出的“心灵四季美丽中国”文旅扶贫全国媒体行走进山西，在文化和旅游部定点扶贫县太原市娄烦县和忻州市静乐县展开。本次活动，主流媒体、新媒体平台、自媒体达人组成的媒体代表团实地走访，用图文记下了两县的发展变化，用视频展示了两县的风土人情，记录脱贫攻坚的显著成效和典型事例，展示了文化和旅游在脱贫攻坚中的励民、惠民、富民、安民作用，关注非遗保护与传承，助推当地文化和旅游业高质量发展。

在娄烦县，刚刚开园的孔雀小镇一下子吸引了媒体代表团的目光。园内养殖的各品类孔雀几千只，每天早上十点钟是孔雀集中放飞喂食的时间，随着饲养员的一声哨响，成百上千只孔雀从远处山上飞下来，和游客亲密互动，乐趣斐然。在这里，除了能和孔雀亲密接触，文创展厅里的各种孔雀标本和羽毛制品也是琳琅满目，孔雀扇、孔雀耳环、孔雀胸针、孔雀挂饰，女孩子总能找到属于自己的那一款。离开孔雀小镇，来到位于娄烦县境内的汾河水库，这里是太原及周边市县的水源地，站在水库岸边看天空开阔、碧波荡漾，时不时还有飞鸟从头顶掠过。厌倦了城市生活的人们，来到这里望着天、看着水，顿时神清气爽，精神饱满。

在静乐县汾河川国家湿地公园，雨后的空气掺杂着泥土和阳光的清新味道，远处的山层林尽染，近处的水湍流不息，“天然氧吧”果真名不虚传。环境的改变，也让这里成为了鸟类的天堂，天鹅、黑鹳、鸳鸯、野鸭……几十种鸟类在这里栖息繁衍。天柱山是静乐的标志性景区，登高眺望，整个县城尽收眼底，山上的传奇故事更是讲述着这座小城深厚的文化内涵。在半山腰，山西晚报记者吃到了非常特别的一餐，十几道菜肴色香味俱佳，原材料居然都是土豆。在淳朴的静乐人民手中，煎炒烹炸焖溜熬炖，让当地特产土豆成了宴席的主角。采访活动中，参与的记者纷纷表示，这和他们印象中的贫困地区差距太大了，这里风景秀美、空气清新，是城市人休闲放松的绝佳去处。

据了解，该系列活动还将在文化和旅游部定点扶贫县内蒙古自治区兴安盟阿尔山市和广西壮族自治区河池市巴马瑶族自治县开展。

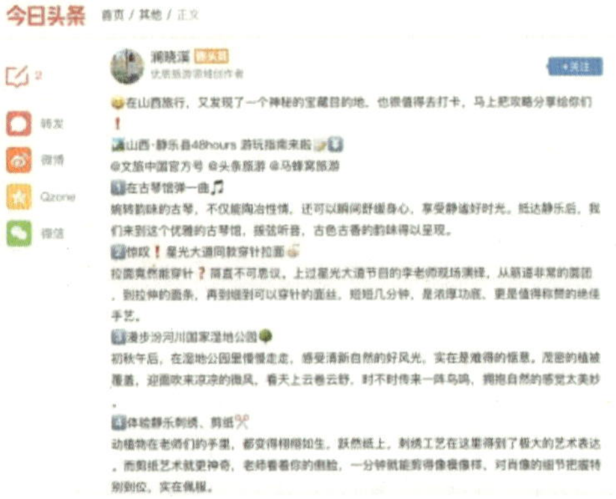

## （三）大力宣传各地旅游资源，推动旅游市场复苏

（1）活动自 2020 年 8 月上线以来，共组织各省（区、市）的 382 个文化和旅游部门、1013 家文化和旅游企业、617 家景区加入，形成了全国范围内的聚合效应。

（2）为“心灵四季　美丽中国”建立了专属资源库，将收集到的各地方图片、视频等资料全部入库并撰写成稿，共计撰写稿件 300 余篇。

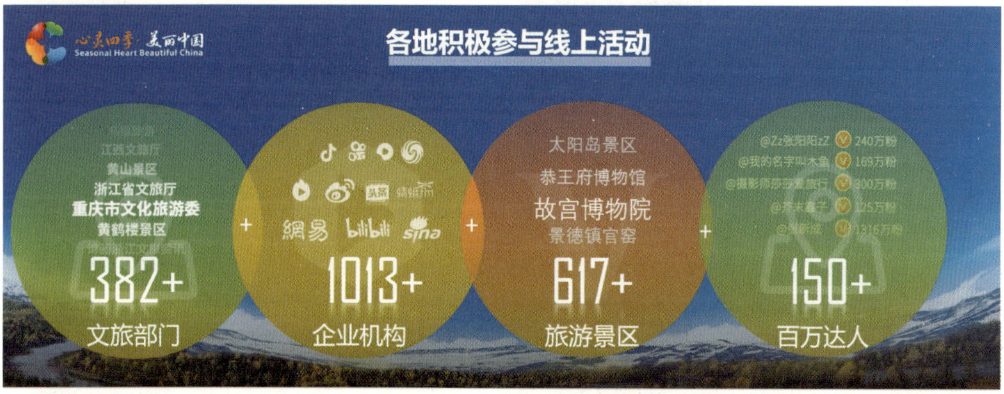


（3）文旅中国客户端为各省（区、市）建立专属频道，将各地的宣传内容、图片、视频进行整合和发布。

（4）邀请各省（区、市）的文化和旅游厅（局）相关领导及地方文化和旅游单位负责人做客文旅中国会客厅，就“以文塑旅、以旅彰文”“文化和旅游”“冬季旅游推广”“疫后文旅复苏”“2021 年发展规划”等各个方面的内容进行探讨，制作成百余个视频短片进行发布并在各渠道进行二次传播，推广全国各地文化和旅游资源，助力全国文化和旅游消费市场重新“热”起来。

（5）精选全国近百条优质的自驾线路，陆续推出近百篇系列精品自驾路书。路书覆盖广泛，从浙南天台到天山脚下，从南疆海岛到北国漠河……线路精选了祖国大江南北最美的自然风光和人文景致，针对人们对自驾游的需求，对线路中涉及的旅游资源、风味美食、沿途服务设施、自驾注意事项等内容进行汇总，有力地推动了疫后国内旅游新业态的发展。

心灵四季·美丽中国
Seasonal Heart Beautiful China
地方风采
北京
天津
河北
辽宁
吉林
黑龙江
广西
广东

诉说风景
心灵四季 美丽中国 | 诉说风景
——三山祖庙遗址
2020-12-25
心灵四季 美丽中国 | 诉说风景
——客鸟尾石笋奇观
2020-12-25
心灵四季 美丽中国 | 诉说风景
——澳角炮台
2020-12-23
心灵四季 美丽中国 | 诉说风景
——武略第（杨石魂故居）
2020-12-22
心灵四季 美丽中国 | 诉说风景
——“八一”南昌起义南下部队指挥部军事决策会议旧址
2020-12-21
心灵四季 美丽中国 | 诉说风景
——城隍庙：具有典型明代建筑风格和地方传统艺术特色

文旅中国会客厅 | 叮！请查收您的冬季自驾游攻略和房车游小锦囊
文旅中国 2020-11-28
05:00
文旅中国会客厅| 去大兴安岭赏冰乐雪，感受最真实的冬天
文旅中国 2020-11-26
04:59
文旅中国会客厅 | 安全、便捷、人性化——自驾游贵州，我们准备好了！
文旅中国 2020-11-26
05:00
文旅中国会客厅 | 听专家聊旅游行业的当下与未来
文旅中国 2020-11-25
03:42
文旅中国会客厅| 协会如何为企业会员持续赋能，协助转型升级
文旅中国 2020-11-25 1评
05:06

文旅中国会客厅 | 专访浙江华顶国际旅行社有限公司地接中心总经理张妙玲
文旅中国 2020-11-14 1评
05:38
文旅中国会客厅 | 专访丽水市华宇旅游开发有限公司（新屋红色营地）总经理余姗姗
文旅中国 2020-11-14
05:28
文旅中国会客厅 | 专访双童山景区营销总监朱曙光
文旅中国 2020-11-13
03:27
文旅中国会客厅 | 专访浙江动漫产业学会副秘书长、浙江中南文旅集团副总裁沈玉良
文旅中国 2020-11-13
05:29
文旅中国会客厅 | 专访中国旅游车船协会自驾游与露营房车分会秘书长 刘汉奇
文旅中国 2020-11-12
05:09

最美风景在路上

北方的蔚蓝海岸，其实也很美

线路概况

河北，京都的后花园，这里有绿水青山、怪石林立、鸟语花香组合而成的梦幻般的场景；这里有“两京锁钥无双地，万里长城第一关”的山海关；这里有海边流动的诗意，有形似一弯晓月的月坨岛，灌木丛生，鲜花野果散发出淡淡的幽香；更有鲜美海鲜跳动在唇齿间的海浪味道……

非遗体验

一说起唐山有哪些国家级非物质文化遗产，大家首先想到的多是“唐山皮影戏”“评剧”“乐亭大鼓”。但是你知道吗，除了这三个，“玉田泥塑”“乐亭地秧歌”“乐亭皮影”也属于国家级非物质文化遗产。

土特产

刘美烧鸡、京东板栗、唐山骨质瓷、北戴河海鲜、山海关大樱桃、山海关人造琥珀、秦皇岛干贝、月坨岛虾油和虾酱等。

12

行程规划

唐山—山海关—北戴河—黄金海岸—月坨岛—唐山

总里程：450 公里

推荐时长：4 天

D1 唐山—山海关

行驶里程：170KM

清晨唐山市区出发，进入冰塘峪；下午前往山海关，参观游览“天下第一关”；晚餐后入住酒店。

路况

京哈高速公路至山海关出口下，看路标走就好。

特色景区

冰塘峪：冰塘峪水域宽阔，河流中有很多巨石，就如冰峪沟一样，也许是冰川世纪地壳变迁而滚落。冰塘峪的巨石有很多有趣的彩绘涂鸦秀，各种动画形象鲜活生动。

山海关：山海关又称“榆关”，明长城的东北关隘之一，被认为是明长城东端起点，有“天下第一关”之称。与万里之外的嘉峪关遥相呼应，闻名天下。山海关城，与长城相连，以城为关，有四座主要城门，多种防御建筑。山海关被公布为全国重点文物保护单位。山海关被列为国家历史文化名城旅游景区，六大风景区之一，闻名国内外。

餐饮推荐

长城榨榆叶饼、山海关浑锅、四条包子、同记绿豆糕等。

13

## （四）“心灵四季”永不落幕

整体活动充分利用中国文化传媒集团自身优势，开展多项创意性、互动性、全民性的线上宣传工作，持续扩大“心灵四季　美丽中国”系列活动的影响力。辅以文化和旅游行业媒体宣传联动机制成员单位对“心灵四季　美丽中国”主题活动所进行的宣传报道，覆盖受众达 7 亿多人次，形成线上与线下相结合的联动传播网。

同时，活动也号召和带领了各文化和旅游单位、城市、景区、旅行社以及导游等共同参与，形成全国整体的聚合效应，把“心灵四季　美丽中国”品牌的深刻内涵与社会价值传递得更远、更广、更深，助力全国各地文化和旅游资源的推广、文化和旅游市场的复苏。

“心灵四季”永不落幕。中国文化传媒集团还将继续通过持续不断的在线宣传，形成全方位、多角度、立体式全媒体宣传态势，增强对外宣传的整体合力，全面打响“心灵四季　美丽中国”品牌影响力，引发大众广泛参与热情，推广各地文化和旅游资源，保持活动的热度，助力全国文化和旅游消费市场重新“热”起来。

## 专家点评

“心灵四季　美丽中国”线上宣传推广活动，通过开通专题频道、发起话题推动热点传播、整合全媒体资源、聚合线上线下资源优势、邀请极具影响力的文化名人和网络意见领袖为本次宣传活动发声等多种方式，全面开展线上旅游宣传推广工作，最大化撬动社会传播力量，形成全方位、多角度、立体式全媒体宣传矩阵，助力各地文化和旅游资源推广。活动联动了各省（区、市）的382个文化和旅游部门、1013家文化和旅游企业、617家景区、近150位旅游达人加入。活动发布了“心灵四季　美丽中国”“感受美丽家乡　发现户外精彩”“那些美丽而不为人知的地方”“自驾可以这样美”“二十四节气云游记”5个热点话题，联合快手等开展“文旅扶贫在行动”直播等活动，总传播量超过7亿人次。活动在助力全国文化和旅游消费市场重新“热”起来方面发挥了巨大作用。

# 华夏文旅风物名片培育与推广项目

——中国旅游报社

## 一、案例简介

华夏风物文旅名片培育与推广项目发起于 2020 年 6 月。该项目通过全网开展寻找文旅风物主题活动，以行政区划的城市为单位，发掘和提炼文化和旅游风物（特色景区、非遗文化、特色物产、民族品牌）名片。然后根据主题，模块化整理

风物数据和风物内容，建立文旅风物名片数据库。基于数据库大数据分析区域文旅风物信息，提炼有宣传价值的风物名片，建立有代表性的城市形象。最后以内容为载体，通过城市风物文旅名片多维度在互联网平台进行培育与宣传推广，让更多人读懂中国城市的点滴美好，传递美好记忆，深入体会每个城市的悠久历史文化，有效提升区域文化和旅游产业影响力，更好实现文化赋能、旅游带动。在项目实施过程中，桂林和五莲等地区的文旅风物名片培育推广项目的圆满完成，有效地提高了地区文化和旅游资源的影响力。

## 二、具体举措

### （一）发起活动，建立数据库

发挥科技创新对文化和旅游发展的赋能作用，利用大数据分析，科学、精确地抓取城市风物信息。掌握的数据信息越全面、越多维，文旅风物的选取才能更加科学、精确、合理。

通过“寻找文旅风物主题活动”，使用投票等多种手段，对范围内的特产、景点和文化品牌进行采集，并鼓励大众创作内容，使区域文旅风物信息得到更多维度的呈现，解构城市文化和旅游产业真实情况。得到大量数据信息，经整理后，录入文旅风物数据库。自活动发起以来，数据库已整理收录总计 10 万条以上文旅风物数据。

### （二）分析数据，确定各地文旅风物名片

对数据库中的活动数据进行描述性统计分析，通过“加工”实现数据的“增值”。根据集中趋势的描述性统计量结果发掘大众认可度最高的区域文旅风物和最值得宣传的风物特征，并结合当地政府推荐，选出用来后期宣传推广的文旅风物。

如横县的茉莉花茶、杭州的织锦、景德镇的瓷器、宜兴的陶器、绍兴的黄酒、南丰的蜜橘、三清山的山茶油、汕头的抽纱等。特色产品、手工艺术、文化遗产等都可以成为地区文化基因的具象表达，依托地域文化的根基，将地域文化凝聚为特

定的风物名片。以文化物、以文赋能，推动文化产业和旅游产业双向融合、相互促进。更好地在传承地域文化的基础上实现创新，从而强化城市文旅产业输出，驱动城市的发展。

## （三）集中发力，宣传推广联动新模式

根据各地区情况，随着数据的不断丰富，通过集中趋势的描述性统计量、频率分析及时了解大众关注度和黏度；追踪用户在浏览风物名片过程中的痕迹，对阅读完成度、访问偏好、跳转方式等多角度进行综合评估，解构真实情况，更快洞察消费者的需求，同时帮助消费者更好地接触风物；通过时间序列分析预测大众关注度峰值，及时有效地调整宣传内容和宣传时间，打造匹配度最高的文旅风物赋能方案，来实现全方位、多层次、精准性、个性化的传播推广效果。

在“五莲文旅风物名片”项目中，结合数据内容与市场评估，发掘五莲风物差异化特点——五莲山风景区。结合中秋、国庆“双节”假期热点及 # 苏轼 # 话题热度，将五莲山风景区作为推广亮点，通过专业内容建立五莲山与苏轼的联系，挖掘和传递五莲山风景区背后的历史典故、人文信息，为其打造“中国最具文化底蕴的赏月地”形象。曝光量达 250 万 +，让大众感知到城市背后的文化内涵和人文情怀，从而塑造地域的特色形象。

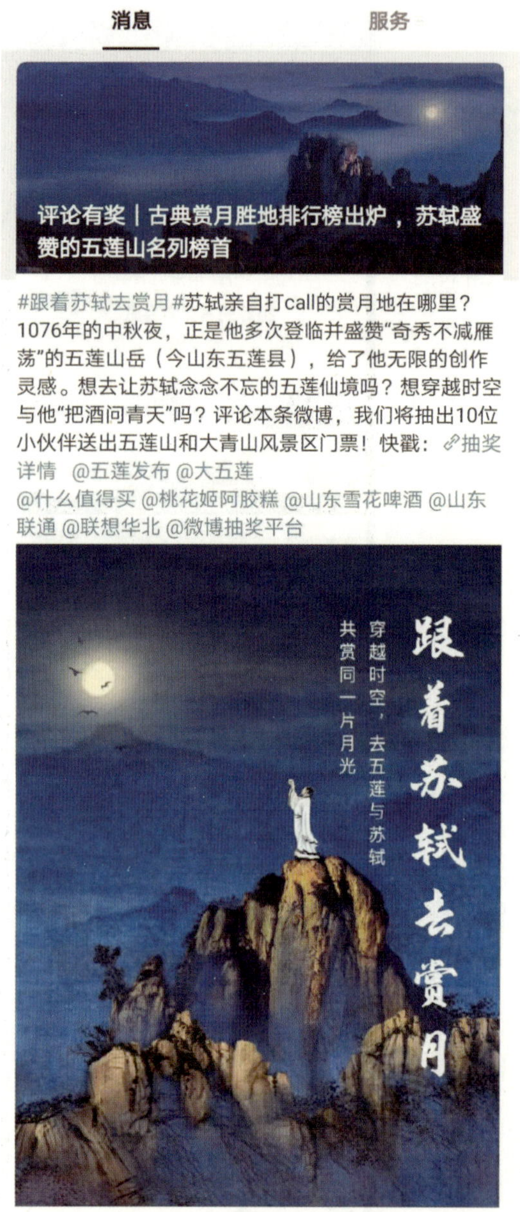


除此之外，首创以“大数据——多媒体——老乡——本地企业——区域官媒”联动推广新模式，“五位一体”集中推广宣传城市风物名片。同时，提供风物体验、风物直播和风物解读等服务，让风物名片走近生活，以全方位体验吸引用户。

如五莲文旅风物名片宣传推广环节，共在“什么值得买”、华夏风物、微博、微信、今日头条、快手、抖音等多个不同领域平台联动，发布五莲山风景区、五莲赏月、五莲山货特产等相关文章和活动，联动优质内容创作者，围绕新媒体传播手段，通过活动建立与全网用户有效互动，与五莲建立连接，用户通过参与活动获得了认同感，并有机会通过活动邂逅兴趣相投的用户、遇见家乡人。突破地缘界限，用户与五莲建立起更紧密的关系，体验本土风物之美。结合大数据技术手段，引发用户到五莲旅游的兴趣；实现内容与五莲品牌建立连接，直达购买渠道，实现高效消费转化，让品牌推广实现品效合一。触达全网用户 1700 万 +，产生 2 万 + 的互动行为。

在此活动中，山东企业（山东联通、雪花啤酒、东阿阿胶等）联合发声推广地区的文化和旅游资源。在加强优质文旅产品供给的同时，扩大其传播和流通体系，构建“五位一体”新发展格局的路径选择。

## 三、宣传推广成效

### （一）培育文旅风物名片

征集代表区域之物，选拔代表中国之物，培育未来中国之物。“华夏文旅风物名片培育与推广项目”经过一年的运营，目前已沉淀 3208 个区域文旅风物名片数据，以此展示更全面、更立体的城市风貌，突出地缘特色优势，破除地缘刻板印象，让五湖四海的人们认识各方土地的独特与美丽。

通过文旅风物数据库指导“华夏风物文旅名片”内容创作，打造“连接人与城市的百科互动社区”，目前在全域累计粉丝近千万，曝光量超过2亿次。

## （二）助力地方文化和旅游业发展

基于大数据能力和风物研判能力开展的风物产业定位和风物规划服务，先后服务黔东南地区、山东五莲、甘肃临夏等多个区域，发挥当地特色资源和特色产业的带动作用，挖掘其文化内涵、旅游价值和潜力。为欠发达地区的文旅产业发展和新媒体传播助力，打造智库型信息化名片，基于大数据的业务生态，用数据进行科学决策，形成基于移动互联网与社交媒体的城市风物整合传播。

通过构建虚实结合的风物数据库，推进各个地区IP的深化、物化和转化。将显性和隐性的资源结合并提纯，让传说、艺术与民俗等文化内容结合进新的消费业态，通过多种方式来深化丰富城市风物的产品、业态和消费品类，将产品转化成为产业，使文化资源发挥出更大的社会价值和经济价值，同时让游客体验进一步升级，加速区域互联网进程，助力文化产业振兴，打造百县百品，助力旅游业崛起，联动区域产业升级。

此项目作为中国旅游报社在推广地方文化和旅游资源方面的新尝试，未来也将持续扩大社会效益。

### 专家点评

近年国潮风尚、民族品牌在年轻人中受追捧程度日渐提升，伴随中国端消费回流，国内旅游市场恢复发展迅速，“文旅风物”类的城市、目的地旅游名片在新消费新需求下，需要以新的形式适应新的旅游市场。中国旅游报社在2020年推出的“华夏风物文旅名片培育与推广项目”，从宣推角度抓住了市场的需求，通过活动引领、全网动员、品牌培育等方式，发掘和提炼适合当前发展的特色景点、非遗文化、地方物产、民族品牌等文化和旅游风物，构筑了新型的“华夏风物文旅名片”，有效地提升了目的地城市对深耕本地特色、挖掘在地文化、结合地方特产、培育文旅名片的理解力和行动力。尤其是通过“文旅风物数据库”的建立，让碎片化、多维度的信息，得到了系统的整理，为后续总结挖掘、宣传推广，提供了坚实的基础内容。《中国旅游报》结合自身业务优势，用宣传推广赋能文旅风物名片，用热点话题聚焦推广亮点，用多元渠道进行强势曝光，让更多的旅游者能通过文旅风物发现中国城市的美好，助力旅游者的旅游消费。